4週間でマスター！
書き込み式
78枚で占うタロットレッスン

LUA

日本文芸社

78枚のタロットカード

あなただけのキーワード集を つくりましょう

　初心者がつまずきがちなタロットの読み解き。うまくいかないと感じるのは、テキストの意味に縛られすぎるから。78枚の意味をすべて暗記するのは無理がありますし、テキストとにらめっこしながら占っても、柔軟さに欠ける鑑定になってしまいます。

　そんなときに役立つのが、この本の自分だけのキーワード集です。カードから感じたことはなんでも書き込んでください。テキストの意味も重要ですが、自分が直感で得たイメージもまた大切。それはカードとあなたの間で交わされる「秘密の暗号」です。

　たとえば「太陽」のカードを見て、「日焼け」が思い浮かんだらキーワード集に書き加えて。占ったときに「太陽」がでて、テキストで読み解けなかったら、「太陽」はあなたに「日焼け」というメッセージを伝えようとしているのかも。このように、あなたが集めたオリジナルのキーワードがヒントになるはず。自分だけのタロット辞典をつくるつもりで、書いてみましょう。

キーワード集の見かた

78枚のタロットカードの基本的なキーワードを収録しています。
各項目の見かたや、MY KEYWORDの活用方法を確認しましょう。

④ **正位置** なにがどうなるかわからない
新しい出会い／軽いノリ／損得勘定のない純粋さ／抽象的／フリーランス／ひらめき／大ざっぱ／自由で縛られない／空白／どうでもいい／ポジティブシンキング／夢見がち／偶然

③ KEYWORD: 自由

⑤ **逆位置** 決まっていないがゆえに翻弄される
遊びの恋／その日暮らしの生活／いい加減／現実逃避／無計画／先が見えない／無責任な態度で信頼を失う／人に流される／どっちつかずの態度／浮気性／アウトロー気取り／飽きっぽい

② THE FOOL 愚者 ①

⑥ MY KEYWORD
・想像の斜め上
・カジュアルな
・A君に似てるかも
・外出カード
・フリーアドレス制

① カードの名前と番号

大アルカナ22枚にはすべて名前があります。小アルカナはエース、ペイジ、ナイト、クイーン、キングのみ名前の表記があります。2〜10に名前はなく、4種類のスート（記号）のアイテムと数が組み合わせられています。

② カードの絵柄

タロットの読み解きにおいて大切なカードの絵柄です。本書ではもっとも基本的なタロット「ライダー・ウエイト・スミス版」を掲載しています。

③ KEYWORD

カードの核となるキーワードをあらわしています。ここからイメージを広げ、占うテーマにどうつなげるかがポイントです。

④ 正位置の意味

カードの天地（上下）が正しくでた場合の意味、キーワードです。

⑤ 逆位置の意味

カードの天地（上下）がさかさまにでた場合の意味、キーワードです。

⑥ MY KEYWORD

そのカードに関して気づいたことや、自分なりの解釈を書き込みましょう。いきなりすべてのカードにトライしなくても大丈夫。本書のレッスンに取り組んだり、実際に占ったりしながら、発見があったときに書き込みましょう。あなただけのキーワード集ができあがれば、教科書通りのリーディングにとどまらない、自分らしい読みかたが身につくはず。

書き込み例
・ これがでると高確率で〇〇が起こる
・ 〇〇〇カード（カードのニックネーム）
・ ことわざでたとえると……
・ 意外と悪いカードじゃない
・ 恋愛を占うとなぜかよくでる
・ 〇〇という意味もありそう

LUAによるタロット78枚のオリジナル解釈をここでチェック。自由に解釈するヒントにしてみて。

LUAのカード解釈 愚者 後ろの高波が、かき氷に見えます。食べておなかを壊すところが愚者なのかも。

大アルカナってなんでしょう？

タロットの核となる22枚のカード
重要だからこそ身近な言葉であらわして

　大アルカナ（Major Arcana）は、多くの人がタロットと聞いてイメージするものではないでしょうか。大アルカナは0番の「愚者」からはじまり、最後を「世界」で締めくくる22枚のカード。0〜21番で世界の完成や、人生をあらわしているともいわれています。

　大アルカナの特徴といえば、タイトルがついていることと様々な神秘学や思想に基づくモチーフ。日常的な事柄をあらわす小アルカナとは対照的に、大アルカナのテーマは運命や宿命といった壮大なもの。カードを展開したとき、大アルカナがでたポジションに注目をすることで、スムーズに読み解きができるはずです。

　ただし、意味の壮大さを意識しすぎると、現実離れした言葉しかでてこず、リアリティのない占いになってしまいます。MY KEYWORDを書くうえで大切なのは、あえて身近な言葉を集めてみること。〈女司祭〉は「インテリ」など、なじみのある言葉で表現できるようになれば、よりはやく親しめるでしょう。

正位置　なにがどうなるかわからない

新しい出会い／軽いノリ／損得勘定のない純粋さ／抽象的／フリーランス／ひらめき／大ざっぱ／自由で縛られない／空白／どうでもいい／ポジティブシンキング／夢見がち／偶然

KEYWORD: 自由

逆位置　決まっていないがゆえに翻弄される

遊びの恋／その日暮らしの生活／いい加減／現実逃避／無計画／先が見えない／無責任な態度で信頼を失う／人に流される／どっちつかずの態度／浮気性／アウトロー気取り／飽きっぽい

THE FOOL
愚者

MY KEYWORD

1

THE MAGICIAN
魔術師

正位置　みずから行動してはじめる

すてきな恋のはじまり／才能を発揮できる仕事／クリエイティブな仕事／すべての準備が整う／アイデア／器用な人／自信をもつ／有利な交渉ごと／賢く立ち回るべき／スタートを切る

[KEYWORD: 創造力]

逆位置　いい思いだけしようとする

迷い／奇をてらった行動／都合のいい恋人／準備不足／才能がいかせない／その場しのぎ／不器用／消極的になる／思い通りに進まない／お手上げ／根拠のない自信／口八丁手八丁

MY KEYWORD

2

THE HIGH PRIESTESS
女司祭

正位置　知性と理性で見つめる

高嶺の花／プラトニックラブ／勤勉／まじめ／繊細な心／理性的な判断／スリム／強い憧れ／甘えず自律する／清潔／少女性／ロマンティックさ／白黒はっきりつける／仕事熱心な人

[KEYWORD: 精神性]

逆位置　見たいものだけを見ようとしている

神経質な人／嫉妬する／能力不足／未熟／完璧主義／知ったかぶり／潔癖／気に入らない人を排除する／時代遅れ／情緒不安定／偏見／ヒステリック／心に余裕がない／お局様／口論

MY KEYWORD

3

THE EMPRESS
女帝

正位置　豊かな実りを存分に享受する

女性らしい魅力／愛し愛される関係／母性的／妊娠／余裕がある／利益をだす／快適な職場環境／リラックス／ぜいたく／見返りを求めない愛／成熟する／エレガントさ／才色兼備

[KEYWORD: 愛]

逆位置　過剰な恵みにうんざりしている

だらしなさ／肉体関係／浮気／共依存／ふしだら／お金にならない仕事／怠け心／なにも得るものがない／太る／過保護／過干渉／けじめをつける／自分の利益しか考えない／他力本願

MY KEYWORD

LUAのカード解釈　魔術師　動画を配信する人。パフォーマンスや商品の紹介動画で視聴率を得ているのでしょうか。

正位置 継続的な安定を得る

結婚前提のつき合い／リーダーシップ／やり手／権力を手にする／信頼関係／かたい友情で結ばれる／自信／たくましい／父性／頼りがいのある人／経営者タイプ／勝利／男性性／大黒柱

[KEYWORD: 社会]

逆位置 力によって間に合わせの安定を得る

打算的な恋／強がり／ドライすぎる／飽きる／地位を追われる／支持されないリーダー／高圧的／人の意見を受け入れて／自分本位／責任逃れ／二番手に甘んじる／視野がせまい／頑固者

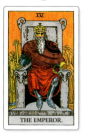

4

THE EMPEROR
皇帝

MY KEYWORD

正位置 モラルの元に信頼やきずなを結ぶ

心のよりどころになる恋／祝福される結婚／信頼関係／法律／精神的なきずな／倫理観が合う／冠婚葬祭／伝統／マナー／指導者／敬愛／期待されている／神聖なもの／モラルを重んじる

[KEYWORD: モラル]

逆位置 モラルに反し信頼やきずなを利用する

秘めた欲望／自分の安売り／好意を利用する／価値観が合わない／不道徳／おいしい話に乗らないで／疑い／偽善／ハニートラップ／盲信／信用できない／自由すぎて締まりがない

5

THE HIEROPHANT
司祭

MY KEYWORD

正位置 夢見心地で幸福を感じる

恋に落ちる／夢中になれる恋／楽しい仕事／パートナーシップ／交渉成立／会話が盛り上がる／カジュアル／遊び心／純粋な気持ち／邪魔が入らない／気さく／愛されキャラ／心を許す

[KEYWORD: 心地よさ]

逆位置 今さえよければと流される

三角関係／軽い恋／愛のないつき合い／息が合わない相手／うわついている／誘惑に負ける／享楽的／いい加減な態度／得るものがない行動／奥手すぎる／クセになってやめられない

6

THE LOVERS
恋人

| 正位置 | **果敢にものごとに挑んでいく**
猛烈なアプローチ／一気に展開する／障害に打ち勝つ／勢いに乗っている／意見が通る／ライバルに勝つ／行動的／勇気／移動／旅行／アクティブな人／忙しい状況／走る／決戦のとき |

[KEYWORD: **エネルギー**]

| 逆位置 | **自己抑制ができない**
ケンカが絶えない／短気な人／気持ちが暴走する／企画倒れ／激しい衝突／苦戦を強いられる／路線変更して／調子に乗る／疲労／ぐずぐずする／悪ノリ／骨折り損／自信がない |

7

THE CHARIOT

戦車

MY KEYWORD

| 正位置 | **困難を乗り越える**
時間をかけて結ばれる恋／相手の警戒心を解く／最後まで努力する／敵を味方にする／大器晩成／逆境を味方にする／力加減／後ろ盾を得る／大人の対応／不屈の意志／弱さを克服する |

[KEYWORD: **本質的な力**]

| 逆位置 | **耐えかねてものごとを投げだす**
顔色をうかがうつき合い／投げだしたい／達成を目前に諦める／わがままな人／逃げ腰になる／問題に正面から向き合いたくない／あと少しなのにギブアップする／強がり／負けを認めない |

8

STRENGTH

力

MY KEYWORD

| 正位置 | **理想を追い求める**
胸に秘める恋／年上の相手／部下を率いる／専門職／精神的に満足できる仕事／相談相手／マニアック／学びのとき／現状維持／過去にヒントが／よくも悪くも変化がない／孤独を楽しむ |

[KEYWORD: **探求**]

| 逆位置 | **現実から目を背けている**
妄想の恋／昔の恋にしがみつく／社会不適合／無職／内向的な性格／過去の栄光／心を閉ざす／過剰なこだわり／気難しい／自分に酔う／視野がせまい／世間体を気にする／いじける |

9

THE HERMIT

隠者

MY KEYWORD

LUAのカード解釈　**女司祭**　学級委員。いかにもまじめそうな表情と、手にした石版を生徒手帳に見立てて。

10

WHEEL of FORTUNE
運命の車輪

正位置：運命の流れに乗って好転する

ひと目惚れ／結婚する／チャンスをつかむ／勘が冴える／絶好調／臨機応変に対応できる／初対面で意気投合／ソウルメイト／興味を引く／タイムリーなできごと／運命の分岐点が迫る

[KEYWORD: **宿命**]

逆位置：運命のいたずらに翻弄される

短期間の恋／好機を逃す／努力が空まわり／ツイていない／不向きな仕事／違和感／形成が不利になる／時代遅れ／つまらない／場違い／タイミングの悪さ／流れに逆らう／波瀾万丈

11

JUSTICE
正義

正位置：感情をはさまない冷静な対応

対等な恋人関係／つり合う相手／正当な報酬／ワーク・ライフ・バランス／平等／引き分け／好きでも嫌いでもない／裁き／感情に流されない／公私を区別する／中立にふるまう／比較する

[KEYWORD: **バランス**]

逆位置：感情に左右される不合理な対応

打算的な恋／保険としての恋人／不公平な職場／都合よく考える／やましさ／アンバランスな関係／罪悪感／正しいけれど情を欠いた対応／ズルや不正が明るみに／自己弁護に走る

12

THE HANGED MAN
吊るし人

正位置：現状に向き合って静かに考える

恋の停滞／つくす恋／孤独な立場になる／ひたすら耐える／自己犠牲的／ストイック／非力さを実感する／ときが解決するのを待つ／許容範囲を超える／手も足もでない状況／反省中

[KEYWORD: **静止**]

逆位置：現状を受け入れられずにもがく

苦しみを伴う恋／泥沼状態／見返りを求めて働く／抵抗しても状況がかわらない／自分のことしか考えていない／焦って失敗する／そっとしておくのが賢明／腹をくくれない／自虐的

MY KEYWORD

MY KEYWORD

MY KEYWORD

13 死 / DEATH

正位置：新しいステージに進む

新たな恋のはじまり／別れ／転職や異動／失業／合理的な思考／執着を捨てる／引っ越し／心のリセット／ターニングポイント／新陳代謝／世代交代／美しい引き際を／起死回生のとき

[KEYWORD: さだめ]

逆位置：過去に縛られ先に進めない

諦めきれない恋／もどかしい片思い／くされ縁／しぶとい／同じことを繰り返す／変化に対応できない／過去を断ちきれない／生殺し／うじうじする／未練がましい言動／往生際が悪い

MY KEYWORD

14 節制 / TEMPERANCE

正位置：新しいものを受け入れる

相性のいい恋人／ディスカッション／異業種交流会／理解し合える関係／人と交わる／多くの人の意見を聞く／折衷案／うまくやりくりする／いい刺激を与えてくれる人／生活習慣の見直し

[KEYWORD: 反応]

逆位置：異質なものを受け入れない

一方通行の恋／協調性がない／ひとりで仕事を抱え込む／心を閉ざす／人の話を聞かない／人見知り／会話不足／効果がない／ワンマンな体制／体質に合わない／拒絶反応／すれ違い

MY KEYWORD

15 悪魔 / THE DEVIL

正位置：心のなかの悪魔に負ける

浮気／恋愛依存／DV／自分に嘘をつきながら働く／甘え／悪友／悪い習慣が身につく／強欲／自律できない／醜い／非常識／下品な言動／好色／魔が差してすべてを失う／弱みを握られる

[KEYWORD: 呪縛]

逆位置：心のなかの悪魔と戦う

くされ縁解消／心を入れかえる／待遇の改善を求める／健全な人間関係／コンプレックスと向き合う／恐怖に勝つ努力／更生のチャンス／自分の過ちに気づく／堕落した生活をあらためる

MY KEYWORD

LUAのカード解釈　女帝　ぜいたくのしすぎ。ほどほどにしないと心と体のぜい肉を蓄えるだけになるでしょう。

16

THE TOWER

塔

正位置 — 突然に見舞われるショック

電撃結婚／大胆な改革／倒産／職場環境ががらりとかわる／予想外のトラブル／感情を爆発させる／常識破り／アクシデント／個性的／事故／リニューアル／自暴自棄になる／革命

[KEYWORD: **破壊**]

逆位置 — あとからじわじわとくるショック

別れを意識しだす／ボロがでる／かわるべきなのにかわれない／一触即発／我慢の限界／九死に一生／老朽化／はりつめた雰囲気／打開策を打てないまま崩れていく／最悪の事態は回避

MY KEYWORD

17

THE STAR

星

正位置 — 明るい未来につながる

期待が芽生える／脈あり／理想の恋人／輝ける仕事／期待の星になる／軌道に乗る／プラス思考／お酒／薬が効く／体調がよくなる／ピュア／やる気になる／インスピレーションを得る

[KEYWORD: **希望**]

逆位置 — なにも実らず流れてしまう

理想が高すぎる／悲観する／希望が失望にかわる／むだな努力／目標を失う／無駄話が多い／過去を洗い流して／無気力／理想論／不純／拍子抜けする／幻滅させられる／先が見えない

MY KEYWORD

18

THE MOON

月

正位置 — 幻想を通して現実を見る

偽りの愛／移ろいやすい心／ずさんな仕事／不透明／誤解を招く／腹の探り合い／素の自分を隠している／見つからない／イリュージョン／アンニュイな気分／妄想にひたる／心酔する

[KEYWORD: **神秘**]

逆位置 — 少しずつ現実が見えてくる

偽りに気づく／隠したい関係がばれる／幻滅／我に返る／霧が晴れてくる／本心を話す／病気が治る／現実を見るとき／思い込みからの解放／見通しが立つ／不安が晴れる／心を確かめる

MY KEYWORD

19

THE SUN
太陽

正位置 努力の成果を得る

健全な恋愛／公認カップル／素直な態度／成功を収める／日の目を見る／出世／元気をもらえる人／自分らしさを発揮／健康／子ども／隠しごとがない関係／充実した毎日／活性化

[KEYWORD: 喜び]

逆位置 日の目を見られない

素直に喜べない恋／悪目立ち／成功の実感がわかない／見返りが少ない／心から笑えない／かげりがある／自分をだせない／体力不足／遠慮しすぎ／損得勘定で動く／えこひいきする

20

JUDGEMENT
審判

正位置 瞬時にチャンスをつかむ

運命を確信する恋／告白／復縁／再挑戦するチャンス／長い間あたためてきた計画を実行するとき／決着をつける／思いだす／回復／重荷から解放される／初心に返る／ターニングポイント

[KEYWORD: 解放]

逆位置 先送りでそのまま凍結

心残り／実らない恋／準備不足／チャンスを逃す／幸運に臆病になる／決断を先送りにする／過去に縛られる／手遅れ／忘れる／見つからない／嫌なことを後回しにする／腐る

21

THE WORLD
世界

正位置 目標を成し得て満足する

両思い／幸せな結婚／天職／達成感を味わう／さらに上を目指したくなる／長いつき合い／最高の自己肯定感／勝利する／すべてを理解する／結果に関わらず満足する／ハッピーエンド

[KEYWORD: 完成]

逆位置 不満足な結果で撤退する

恋人のありがたみを忘れる／マンネリ／慢心／ツメが甘い／不完全燃焼／未完成の仕事／これ以上進展がない／現状維持／途中で投げだし後悔する／集中力が切れる／自己陶酔にひたる

LUAのカード解釈　皇帝　社長。組織のトップに君臨し、人々を率いる……という姿は、まさに社長そのもの。

小アルカナってなんでしょう？

日常的な情景が描かれた56枚
こまかな違いを感じ取るのがカギ

　小アルカナ（Minor Arcana）は4つのスート（記号）で構成された56枚のカードです。スートは「万物を構成する4つのエレメント」と「人生における4つの動機」に対応し、それぞれワンド（棍棒）は火と情熱、ペンタクル（金貨）は地と物質、ソード（剣）は風と知性、カップ（聖杯）は水と感情に区分されています。

　さらに、各スートは、ペイジ、ナイト、クイーン、キングの4つの階級が描かれたコートカード（人物札）と、A（1）〜10番までのヌーメラルカード（数札）からなり立っています。コートカードはとくに、相性や人物像があらわれるのが特徴です。ヌーメラルカードは「確定しているはじまり」をあらわすAがもっとも強いとされ、残りは日常的な意味をもちます。

　小アルカナは枚数が多く、構図や意味が混同しやすいカードもあります。MY KEYWORDに書き込むときは、自分なりの見分けかたを記録しておくと便利でしょう。

ワンド（棍棒）
WAND

エレメント
火

生命力や情熱など本能的な力をあらわす

ワンドとは棍棒のことで、人類がはじめて手にした道具ともいわれています。

この原始的な木の棒は、武器や火起こしの道具、住居の建材としてもつかわれ、まさに人間の文明の「起こり」を支えた重要なアイテムのひとつです。

このことからワンドは火のエレメントに対応し、生命力や闘争心に結びつけられてきました。「手に入れたい」「勝ちたい」という気持ち（動機）はワンドの領域です。

正位置｜新たな挑戦がはじまる
新しい恋／夢中／妊娠と出産／やる気に満ちる／誕生／ひらめき／パートナーができる／情熱を見せるべき／ポジティブ／はじめる／パワフルに活動する／直感に従って／出会い／旅／勢い

[KEYWORD: **生命力**]

逆位置｜ひとつの挑戦が終わる
関係を解消する／身を引く／気力の衰え／先細りの状況／ものごとが白紙になる／延期／惰性で続けないで／無気力な言動／足をひっぱられる／清算する／士気が下がる／退職／倒産

ACE of WANDS
ワンドのA

MY KEYWORD

正位置｜目標に到達して自信にあふれている
意中の人を手に入れる／ゴールはすぐそこ／実績を認められる／自信満々／将来性を感じる人／ステップアップ／見切りをつけてほかの道を検討／新たな野望が芽生える／意識を高くもつ

[KEYWORD: **到達**]

逆位置｜達成したものを失いそうになっている
うまくいかない関係／焦り／支配欲／見下す／足並みがそろわない／予期せぬハプニング／裏切られたように感じるできごと／ずさんな計画／自己管理が甘い／代案を用意しておくべき

TWO of WANDS
ワンドの2

MY KEYWORD

LUAのカード解釈 司祭　両サイドの人はおみこしを担ぐスタッフで、前にもうふたりいるのかもしれません。

正位置 挑戦の機会をうかがう

結婚につながる恋／脈あり／うれしい知らせ／新たな縁／ビジネスチャンス／事業拡大／念願のものが手に入る／大きく発展する気配／ハングリー精神のある人／旅の準備を整える

[KEYWORD: 模索]

逆位置 期待が肩透かしのまま終わる

相手にしてもらえない／片思いで終わる恋／返事がない／タイミングを逃す／利益が減る／先細りな関係／思い通りに進まない／期待ばかりで行動が伴わない人／出遅れる／延期になる

THREE of WANDS

ワンドの3

MY KEYWORD

正位置 心からの喜びを得る

新しい恋／結婚式／一緒にいて安らぐ人／肩の荷が下りる／ひと区切りつく／ウキウキする／長期休暇／家族団らん／人の幸せを祝福する／イベントやパーティへの参加／リラックス

[KEYWORD: 歓喜]

逆位置 現状に喜びを探す

マンネリ／痴話ゲンカ／現状に甘んじる／ハングリー精神を失う／手抜き仕事／公私のけじめをつけられない／ありがたみを忘れる／期待されているという慢心／気分にムラのある人

FOUR of WANDS

ワンドの4

MY KEYWORD

正位置 切磋琢磨しながら奮闘する

恋のライバルと戦う／略奪愛／本音でぶつかり合う／ケンカで仲よくなる／決着がつく／コンペやオーディションへの参加／有益なディベート／競合する／反骨精神のある人／騒々しい

[KEYWORD: 勝ち取る]

逆位置 相手を打ち負かす

ドロドロしたケンカ／暴力的なパートナー／被害妄想／やりたい放題／ひがみっぽい人／その場しのぎの打開策／こう着状態に陥る／仲間割れ／勝つために手段を選ばない／往生際が悪い

FIVE of WANDS

ワンドの5

MY KEYWORD

正位置：ほめたたえられ、自分を誇らしく思う

告白が成功する／ほめられて注目をあびる／チームの勝利／活躍が認められる／昇進／誰かに自慢したい気分／新メンバーが加入／自信をもって取り組む／称賛を素直に受け止める／誇り

KEYWORD: 称賛

逆位置：理不尽な結果に不満を抱いている

「好かれている」という思い込み／恋の熱が冷める／違和感が残る勝利／形だけの昇進／やっかみを受ける／人がついてこない／自意識過剰／威勢だけいい人／優越感にひたって失敗

SIX of WANDS

ワンドの6

MY KEYWORD

正位置：有利な立場から勝ち取る

猛烈にアタックする／玉砕覚悟／相手をリードする／強力なスポンサー／強気な対応が吉／気持ちで負けない／潤沢な資金を得る／勝算のあるチャレンジ／YESかNOかはっきりさせる

KEYWORD: 奮闘

逆位置：不利な状況で苦戦を強いられる

恋のライバル／覚悟を決められず失恋／負け戦／妨害や横やりにあう／マウントをとられる／戦意喪失／本心とは異なる言動／弱気／押しに弱い人／怖気づいて敗北／葛藤し全力をだせない

SEVEN of WANDS

ワンドの7

MY KEYWORD

正位置：めまぐるしい速度で進みだす

熱心に口説く／思わぬ恋のはじまり／とんとん拍子／すべてがスムーズに進む／オファー／株や投資で成功／ツキを信じて進む／ポジティブ思考の人／追い風を感じる／あわただしい

KEYWORD: 急展開

逆位置：思わぬところでいきづまる

束縛される／嫉妬／はやとちりでケンカに／望まぬ心変わり／不満を感じる状況が続く／袋小路に陥る／急な予定変更／計画の頓挫／でしゃばりな人／ドタキャンされる／情熱を失う

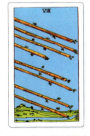

EIGHT of WANDS

ワンドの8

MY KEYWORD

LUAのカード解釈　恋人 恋は盲目という言葉がぴったりのお花畑状態。それは本当に幸せなのでしょうか？

臨機応変に準備する

正位置: 意中の人を前に緊張／ライバルを警戒する／そなえあれば憂いなし／用心深い人／迎撃体制／あらゆる事態を想定して動く／入念な下準備を／経験が糧となる／プレッシャーを感じる

KEYWORD: そなえる

慢心して痛手を負う

逆位置: 「相手も自分を好き」という思い込み／準備不足／マイペースすぎる人／根拠のない自信／ハッキング／過去の経験から学んでいない／他人をあてにしない／想定外のハプニング／油断禁物

NINE of WANDS
ワンドの9

MY KEYWORD

自分が選んだ重荷で手いっぱいに

正位置: 嫌われないよう無理をする／義務感で続ける恋愛／手のかかる人／オーバーワーク／苦労人／悪戦苦闘する／気が重い／ひとりで背負い込む／期待すらプレッシャーに／介護／子育て

KEYWORD: 重圧

強いられているものを手放す

逆位置: 恋人を捨てて逃げだす／別れ／糾弾される／トラブルを抱えた人／自分は悪くないと開きなおる／責任を押しつけ合う／とばっちりを受ける／途中棄権／自分に甘い／失敗続きで挫折する

TEN of WANDS
ワンドの10

MY KEYWORD

未来を確信して熱意を燃やす

正位置: 楽しい恋愛／年下との恋／まわりが見えなくなるほど熱中する／やる気がみなぎる／チャンス到来／スキルを習得する／海外事業／会話を心から楽しむ／精力的／連絡がくる／単純

KEYWORD: 伝令

いい気になってうそぶく

逆位置: 隠しごとがばれる／一方的な気持ちの押しつけ／ひとりで熱くなる／心がさだまらない／ただ反発したいだけの行動／思慮深さを欠く／青くさい言動／虚栄心／目立ちたがりな人物

PAGE of WANDS
ワンドのペイジ

MY KEYWORD

	新天地に向かって旅立つ
正位置	情熱的なアプローチ／肉食系の人／不思議な巡り合わせ／ワクワクする／意欲的／転勤や異動／影響力のある人との出会い／あちこち飛び回る／心機一転／スタート／考えるより動く

KEYWORD: 出発

	心が変化に追いつかない
逆位置	ケンカの多いカップル／利己的な人／トラブルの予感／ケンカ腰になる／後手にまわる／間に合わない／大げさな言動／トラブルメーカー／あわてて失敗／自分を見失う／興奮しすぎ

KNIGHT of WANDS
ワンドのナイト

MY KEYWORD

	まわりの誰もが引き寄せられる
正位置	燃え上がるような恋／セクシーな人／貞操／人望を集める／ありのままの自分でいられる／やりがいを見いだす／甘えたくない気分／周囲に引き立てられる／姉御肌／人の気持ちに寄り添う

KEYWORD: 魅力

	強引さが誤解を生む
逆位置	依存し合う関係／強いジェラシー／浮気／責任転嫁／身勝手なふるまい／我が強くなる／注目されず不満／口うるさい人／がさつな人／お節介／魅力が足りない／まわりにいばり散らす

QUEEN of WANDS
ワンドのクイーン

MY KEYWORD

	信念でことを成しとげる
正位置	心から楽しいと思える恋愛／見かけによらずシャイな人／自分を支える柱ができる／前向きな人／リーダーシップを発揮する／ぶれない言動が求められる／メンター／新規開拓／独立

KEYWORD: 剛胆

	強引にものごとをコントロールする
逆位置	無理のある関係／一夜限りの恋／暴力／リスクを度外視した決定／気づかいに欠ける態度／かんしゃくもちの人／クレーマー／立場や権力をふりかざす／はれもの扱いされる／ケチ／短気

KING of WANDS
ワンドのキング

MY KEYWORD

LUAのカード解釈　戦車　赤い十字が救急車に見えます。スフィンクスが救急隊員なら、担架で運ぶ様子に。

ペンタクル（金貨）
PENTACLE

エレメント
地

物質やあらゆる豊かさを意味する

　ペンタクルとは金貨のこと。地のエレメントに対応し、人間の生活に必要なあらゆる物質を司ります。つまり、お金や住居、肉体などを指します。金貨をつかうことで、ものを手に入れたり、人を動かしたりと、ひとりではできないことも可能になることから、豊かさという意味も。

　さらに、ペンタクルが意味する豊かさは物質のみならず、地位や肩書き、安定、技術など、形のないものもあらわします。

正位置
力を発揮して豊かさを手に入れる
思いをとげる／着実に育まれる愛／満たされた結婚／子宝／マイホーム／計画を実行する／臨時収入を得る／安定した仕事につく／有能な人／アイデアを形に／お得な情報を得る／建設的

[KEYWORD: **実力**]

逆位置
利益を優先してしまい努力が水の泡に
勢いでスタートした恋愛／失業／地位や肩書きを捨てる／手応えなし／金銭的な不安／将来のビジョンがない／拝金主義／甘い考えで大損／下世話な人／才能やお金の無駄づかい／支払い

ACE of PENTACLES
ペンタクルのA

MY KEYWORD

正位置
状況を把握し正しい行動を起こす
相手にも楽しんでもらう／エキサイティングな恋／変化に富んだふたり／両立させる／気楽さ／サービス業／フリーランスの人／雑念なく集中している／遊び／ゲーム／臨機応変／人気稼業

[KEYWORD: **柔軟性**]

逆位置
状況に対応できず四苦八苦している
なにが起こるかわからない恋／いい加減な交際／笑いのツボがずれている／条件に合わない相手／抱え込む／飽き／雑な対応／遅刻や居眠りなど勤務態度の悪い人／手がまわらない／無職

TWO of PENTACLES
ペンタクルの2

MY KEYWORD

ペンタクルの3
THREE of PENTACLES

正位置 培ってきた力が評価される

まじめな交際／戦略的なアプローチを／結婚前提のおつき合い／抜擢される／計画的な進行／評価される／昇進や昇格／やりとげる強い意志／完璧志向／こだわり／一流の仲間入り／資格

[KEYWORD: 技術力]

逆位置 もっている力が評価されない

うだつの上がらない仲／意思疎通に難あり／まだそのタイミングではない／ケアレスミス／不満が募る／勉強不足／芽がでない／諦め／的はずれな対応／立場をわきまえない／無知な人

MY KEYWORD

ペンタクルの4
FOUR of PENTACLES

正位置 手堅い利益を優先する

安定した生活が望める恋／玉の輿／同棲／利益に執着する／奪われることへの恐怖／大切なものを守りたい／将来にそなえる／所有欲／堅実なプランをねる／大物とのコネクションを獲得

[KEYWORD: 所有欲]

逆位置 強欲になり自分を見失う

自由を奪う恋／選り好みする／邪魔が入る／支配欲求／他人のお金を利用する／だし惜しみ／がめつい人／策が裏目にでる／足をひっぱり合う／嫌われ者／お金にものをいわせる／損失

MY KEYWORD

ペンタクルの5
FIVE of PENTACLES

正位置 困難な状況で精神的に荒廃する

妥協する恋／冷たい反応／金銭的な悩み／間が悪い／どうせダメだという態度／貧乏くじ／面倒な仕事をまかされる／解雇／門前払い／傷をなめ合う関係／頼みの綱が切れる／常に金欠の人

[KEYWORD: 困難]

逆位置 救いによって希望を取り戻す

ようやく気持ちが通じる／つかの間の喜び／別れの前の仲直り／希望を取り戻す／救いの光が差しはじめる／素直にSOSをだす／助け船／窮地を脱する／メンターとの出会い／助け合い

MY KEYWORD

LUAのカード解釈 力　舌をだし、なにかを訴える獣と事務的に対応する女性。獣は自分の心かも。

善意を差しだす人と受け取る人の関係

正位置: つくす喜び／プレゼント作戦／思いが受け入れられる／豊かさを分かち合う／見返りを求めない奉仕／マネジメント業務／ボーナス／もちつもたれつの関係／仲介役／親切が報われる

[KEYWORD: **関係性**]

支配する人とされる人の関係

逆位置: 見返りを求める愛／仮面夫婦／対等ではない関係／いい人のふり／感謝されたい／恩の押し売り／努力が徒労に終わる／ブラック企業／もので釣る／偽善者／えこひいき／マウントをとる

SIX of PENTACLES
ペンタクルの6

MY KEYWORD

問題改善して次のステップへ

正位置: 理想と現実のギャップを目の当たりに／将来を考える／状況を把握する／見積もり／査定／報酬を得る／よりよい道を検討／次の目標を探す／向上心のある人／過労／休んで作戦を立て直す

[KEYWORD: **成長**]

不安を抱えながら漠然と過ごす

逆位置: どうでもいい恋／お互いが「キープ」の関係／徐々に衰退していく／ビジョンがない／やっつけ仕事／自己評価だけ高い／意識が低い／不満ばかりいう人／焦り／ツケを踏み倒す／がっかり

SEVEN of PENTACLES
ペンタクルの7

MY KEYWORD

目の前のことに集中して取り組む

正位置: 全身全霊でぶつかり合う恋／まめな連絡／不器用でも実直な人／自分磨き／集中すべきタイミング／全力投球／無心／よき師と出会う／コツコツ努力する／予習復習／こだわりを守る

[KEYWORD: **修行**]

目の前のことに集中できない

逆位置: 恋人のいる人を好きになる／ストーカー／邪魔が入る／雑念が多い／気が散る環境／才能や技術をだし惜しみする／手抜き／締め切りを過ぎる／人のまねに走る／悪習慣／しつこすぎる

EIGHT of PENTACLES
ペンタクルの8

MY KEYWORD

正位置	引き立てられて成功する

思いが実る／求愛される／玉の輿に乗る／ステイタスになる関係／思いがけない援助／ワンランク上の世界へ進む／融資／スポンサー／出世コースに乗る／自信が芽生える／水商売／人望

[KEYWORD: **達成**]

逆位置	嘘や偽りで成功をねらう

お金や体が目当ての関係／不倫／愛人関係／悪い噂が広がる／人に取り入る／愛想をつかされ失脚／自分をよく見せたい／図々しい／もうけ主義／ズルや不正／化けの皮がはがれる

NINE of PENTACLES
ペンタクルの9

MY KEYWORD

正位置	受け継いだもので繁栄し安定する

同棲をはじめる／家族ぐるみのつき合い／子どもを授かる／生活力の高い人／伝統や文化を大切にする／大役に抜擢／チームが一致団結する／大企業や官公庁／一族の繁栄／庶民的な幸せ

[KEYWORD: **継承**]

逆位置	受け継がれたものが限界を迎える

親離れできないパートナー／家族の問題が恋にも影響／取り分や引き継ぎで揉める／重荷を背負わされる／家柄にこだわる／身内びいき／ローンを抱える／相続争い／金策に失敗する

TEN of PENTACLES
ペンタクルの10

MY KEYWORD

正位置	時間をかけて積み重ねる

ていねいに進める恋／まじめな相手／会う回数を重ねる／がんばりどき／スキルアップする／求人に応募する／旺盛な探究心／本気で学びたいと思えること／希望の進路に進む／見習い

[KEYWORD: **真摯**]

逆位置	時間ばかりを費やしている

恋だと勘違いしている／子どもっぽい相手／現実逃避／まわりが見えない／徒労／報酬に目がくらむ／理想ばかりで実が伴わない／楽なほうに流れる／諦める／経験不足／口先だけ

PAGE of PENTACLES
ペンタクルのペイジ

MY KEYWORD

LUAのカード解釈　隠者　警備員。物音を感じて、さっとカンテラの明かりをかざしたのでしょうか？

正位置 最後までやりとげる

うぶなカップル／ひとつに的をしぼるべき／努力が実る／慎重になる／一本気な人／信頼されている／責任感／資格を得る／まじめに働く／はやさより質を重視／自立する／長いつき合い

[KEYWORD: **現実性**]

逆位置 現状維持に終わる

奥手すぎて前に進まない関係／頼りない相手／ノロノロ進行／安心してまかせられない／割に合わない仕事／ワンパターン／形骸化／中途半端な努力／楽をしようとする／要領の悪さが原因

KNIGHT of PENTALES

ペンタクルのナイト

正位置 育てることでみずからも成長する

穏やかで安らぐ恋／良妻賢母／結婚につながる関係／部下を育てる／誰かのために心を砕く／包容力のある人／頼れる上司／困ったときに助け合える仲間／ハイブランド／インナーチャイルド

[KEYWORD: **寛容**]

逆位置 甘やかしで互いにダメになる

思いが届かない／報われない恋／都合のいい相手／愛人をもつ／築き上げた関係がゼロに／手がまわらなくなる／むだの多い職場／忙しそうに見せている人／みえっぱり／どんくさい／貧乏性

QUEEN of PENTALES

ペンタクルのクイーン

正位置 自分の力を役立てようとする

末永いつき合い／裕福な相手／包容力のある男性／金運上昇／ビジネスセンスのある人／組織や世の中に貢献する／相手の力になる／お互いにメリットのある関係／必要とされている

[KEYWORD: **貢献**]

逆位置 自分の力を生かしきれていない

惰性で続く関係／会話が弾まない相手／もっと頼られたい／世間知らず／もどかしさ／尻込み／知識や経験をいかせない／押しつけ／応用がきかずつかえない／堅物で鈍い人／諦めも大事

KING of PENTALES

ペンタクルのキング

ソード（剣）
SWORD

エレメント **風**

理性や思考、コミュニケーションの象徴

　ソードは剣、金属を加工する人類の発明から生まれたアイテムです。このことから知性やひらめきを司り、エレメントでは風に対応します。

　刃物によって人間はさらに多くのものを加工できるようになりましたが、あくまでも剣は他人を傷つけ、命を殺める道具。知性によって生みだされる言葉や策略もまた、つかいかたひとつで人を切りつける刃となることを、このスートは戒めています。

正位置：切りひらいて成しとげる

困難を乗り越え結ばれる／クールな恋愛／心は決まっている／勝負にでる／機転でピンチを切り抜ける／不正を暴く／ロジカルシンキング／聡明な人／心を新たに／客観性／善悪の基準

[KEYWORD: **開拓**]

逆位置：強引さで破滅を招く

相手の気持ちを無視した関係／気を引こうとして失敗／粗野で暴力的な人／職権濫用／悪だくみをする／無理を通そうとする／破壊的な衝動／加害者になる／手段を選ばない強引さ

ACE of SWORDS
ソードのA

正位置：穏やかな心で調和を保つ

恋心の芽生え／年下との交際／知的な会話／バランス感覚／問題が解決に向かう／不安が消える／平和な職場／相手の出方を待つ／いつも優しい人／ほかの人の価値観を受け入れる

[KEYWORD: **葛藤**]

逆位置：その場しのぎでいきづまる

気のないふりをして嫌われる／幼稚な愛情表現／大人ぶる／結婚詐欺／自分の感情から目をそらす／抑圧／口八丁手八丁／調子のいい言葉／人を遠ざける態度／嘘をつかれている／裏切り

TWO of SWORDS
ソードの2

LUAのカード解釈　運命の車輪　生死が絡むなら、まさにロシアンルーレット。福引きの抽選器にもそっくり。

正位置	ものごとの核心を受け入れる
	破局／浮気や三角関係が発覚／痛みが糧になる／暗雲が立ち込める／ショッキングなできごと／失敗／不採用／機械的な作業／言葉がきつい／現実を見るべき／成長のとき／トラウマ

[KEYWORD: 痛み]

逆位置	真実を拒絶してもがき苦しむ
	失恋をおそれる／終わりを受け入れられない／嫉妬深い人／「裏切られた」という感情／劣悪な職場／仕事として割り切れない／心の整理がつかない／被害妄想／拒絶反応／自分を責める

THREE of SWORDS
ソードの3

MY KEYWORD

正位置	静かに休み態勢を整える
	調停中／今は距離を置くべき／ひとりの時間／仕切りなおす／一時保留／休暇／冷静なアドバイスをくれる人／問題から離れる／思い出を懐かしむ／マッサージなどの癒し／墓参り

[KEYWORD: 回復]

逆位置	準備が整い再び動きだす
	新しい関係がスタート／本当に好きな人に気づく／相手のパーソナルエリアに踏み込む／回復／休暇明け／職場復帰／動きだしたくてウズウズ／保留だった案件が動く／新体制に切り替わる

FOUR of SWORDS
ソードの4

MY KEYWORD

正位置	手段を選ばず強奪する
	横恋慕／他人の恋人を横どりする／パートナーを雑に扱う／なりふり構わない／外道な作戦／派閥争い／利己的な人／悪だくみする／油断ならない関係／人を踏み台にする／反則勝ち／泥棒

[KEYWORD: 混乱]

逆位置	大切なものを奪われる
	恋人を寝取られる／だまされていたことに気づく／負け戦／敗北感／何者かの悪意が介在／罠にはまる／手柄を横どりされる／パワハラやいやがらせ／弱い者いじめ／不用心／泣き寝入り

FIVE of SWORDS
ソードの5

MY KEYWORD

正位置
困難な状況から脱出する

新しい恋のはじまり／駆け落ち／助け舟がくる／トラブルから遠ざかる／ものごとが軌道に乗る／新規プラン／出張や転勤／移転／逃げるが勝ち／旅先で出会う人／帰省／迎えがくる

[KEYWORD: 途上]

逆位置
かつての苦境に逆戻りする

愛憎劇／ドロドロした関係／八方塞がり／強く後悔する／すべてを投げだしたいという思い／計画の見直しが必要／とばっちり／あてにならない人／逃げきれない／覚悟を決めて戦うべき

SIX of SWORDS
ソードの6

MY KEYWORD

正位置
コソコソと裏で画策する

浮気や不倫／裏の顔がある人／秘密を探られる／水面下で悪だくみが進行中／不正がまかり通る／自覚のある悪事／おいしいところを横どりされる／スパイ行為／夜逃げ／でき心

[KEYWORD: 裏切り]

逆位置
危険を察し万全にそなえる

思っていたよりすてきな恋／期待以上の相手／ギリギリで危険を回避／トラブルを未然に防ぐ／アドバイスに従うと吉／悩みを相談／素直に謝る／情報収集が役立つ／心のつかえがとれる

SEVEN of SWORDS
ソードの7

MY KEYWORD

正位置
苦しい状況で助けを待っている

悲劇や妄想に酔う／相手のせいにする／束縛し合う関係／きゅうくつな環境／過干渉／規則の多い職場／管理が厳しすぎる／監視／被害妄想の激しい人／せまい場所／誹謗中傷

[KEYWORD: 忍耐]

逆位置
助けのない状況で暴れている

意地でも別れない／傷つけ合う関係／不本意な状況／不満が爆発しそう／相手を傷つける発言／焦りばかりが募る／自分を正当化している／謝らない人／人目を気にしすぎている

EIGHT of SWORDS
ソードの8

MY KEYWORD

LUAのカード解釈 正義 ヘアカットモデル。ローブがカットのときに着せてもらうケープに見えます。

正位置 取り返しがつかずに絶望する

破局が近づいている／失いたくない相手／激しく後悔する／悲しみで眠れない／緊張している／過去の失敗を反芻する／自己否定／視野がせまくてまわりが見えない／ノイローゼぎみ

[KEYWORD: 苦悶]

逆位置 悪い状況に向き合おうとしない

相手のせいにする／問題を見てみぬふり／誰かが邪魔をしているという妄想／自分を憐れんでいる／非を認めない／逆恨みで暴走／デマに踊らされる／自分を守るために人を攻撃する

NINE of SWORDS
ソードの9

MY KEYWORD

正位置 すべて受け入れて前進する

恋を通じて悟る／相手のすべてを受け入れる／最悪の状態を脱する／心の霧が晴れつつある／自分の短所を受け入れる／本気が試されている／一から出直すチャンス／精神的な成長

[KEYWORD: 岐路]

逆位置 都合のいいことだけを見ている

悲恋に酔う／運が悪いと逃げる／都合よく現実を見ている／同じミスを繰り返す／場当たり的な対応／社交辞令／恨み節をいう／かわいそうな自分にひたる／根本的な解決になっていない

TEN of SWORDS
ソードの10

MY KEYWORD

正位置 状況を見極め慎重になっている

恋の駆け引きを楽しむ／お互いを知ろうとする段階／秘密の恋／嵐の前の静けさ／抜け目ない人／交渉ごと／割り切って仕事をする／相手の弱さを知る／緊張感のあるムード／神経過敏

[KEYWORD: 警戒]

逆位置 いまひとつ脇が甘い

ドライでムードに欠ける／隠しごとのにおいがする相手／公にできない恋／穴のある計画／裏工作がばれる／ケアレスミス／油断が命取り／口は災いのもと／猜疑心／失言／信用されていない

PAGE of SWORDS
ソードのペイジ

MY KEYWORD

正位置: 理路整然と決断して進む

恋人をリードする／スピード勝負で成功／効率重視／エリート／先見の明がある人／テンポのいい会話／ディベート／すばやい判断が求められる／分析力／冷静に対応する／神出鬼没

[KEYWORD: **果敢**]

逆位置: 不毛な争いを招く

盲目的な愛／デリカシーのない相手／不毛な努力をしている／焦りがミスにつながる／器が小さい／一方的な主張／好戦的すぎる／ナルシスト／屁理屈をこねる人／はやとちりして失敗

KNIGHT of SWORDS
ソードのナイト

MY KEYWORD

正位置: 正しい言動で一目置かれる

異性を寄せつけない／知的な魅力がアップ／離婚／現実を正しく見つめている／コストカット／まわりになびかない強さ／いいにくいこともいえる関係／意思表明／とっつきにくい雰囲気

[KEYWORD: **的確**]

逆位置: 自己防衛のための武装

冷めた関係／鼻にかけた態度／浮気を疑う／ヒステリー／過剰防衛／人を傷つけるだけの批判／薄情な人／かわいげがない人／ほめない上司／自分にも他人にも厳しすぎる／辛らつ

QUEEN of SWORDS
ソードのクイーン

MY KEYWORD

正位置: 客観的な分析で判断する

フェアな関係を築く／共働き／決断のとき／やり手のビジネスマン／よき相談相手／クールでスマートな人／ポーカーフェイス／いい打開策が見つかる／厳しいけれどためになる言葉／公正

[KEYWORD: **厳格**]

逆位置: 独裁的に威厳を守る

身勝手な恋人／愛のない関係／「自分だけが正しい」という思い込み／部下の手柄を横どり／偏見／情に欠けたふるまい／自意識過剰が招くトラブル／思いやりが足りない／勝手な決めつけ

KING of SWORDS
ソードのキング

LUAのカード解釈　吊るし人　ポーズや状況が、天井から吊りさがるエアリアルヨガのように見えます。

カップ（聖杯）
CUP

エレメント
水

水のように流れる愛や感情を示す

　カップは聖杯として、神へ捧げる儀式や結婚式にもつかわれるアイテム。感情や祈りといった、形のないものを受け止め、差しだすための器としての意味ももちます。

　このことから水のエレメントに対応し、感情や情緒を司るスートとされています。

　どんな場所でも自在に姿をかえ、生命を育む水というイメージから、心の働きや感受性、心象風景といった、目に見えないものごとはカップの世界に属します。

正位置 愛と希望にあふれる

新たな恋の予感／愛されている実感／夢中になれる人／人脈をいかす／アットホームな職場／財源／部下や上司に恵まれる／豊かな感情表現／心のつながりを得る／情操教育／願いが叶う

[KEYWORD: **愛する力**]

逆位置 喪失感で空っぽになる

片思いで終わる恋／幸せなはずが満たされない／愛が冷める／自分のことで精一杯／そっとしておいてほしい／心に穴が開く／白紙に戻る／やりがいのない仕事／放心状態／ありがた迷惑

ACE of CUPS

カップのA

MY KEYWORD

正位置 いい信頼関係を築く

愛の芽生え／相思相愛のふたり／入籍／ビジョンを共有する／交渉成立／信頼できる人／契約を結ぶ／仲直り／腹を割って話す／同性同士の友情／性別を超えたきずな／助け合い／許し

[KEYWORD: **相互理解**]

逆位置 心がかたく閉ざされていく

打算ではじまる恋／うわべだけの愛情／セックスレス／偽装結婚／意見が合わない／不満の残る決定／気の合わない人／心を閉ざす／どうしても許せない／連絡のすれ違い／破談する

TWO of CUPS

カップの2

MY KEYWORD

正位置	仲間とともに喜び祝う
	グループ交際／晴れ晴れとした関係／チームワーク／プロジェクトの成功／お祝いムード／打ち上げ／明るくほがらかな人／喜びを分かち合う／談笑／胸のつかえがとれる／飲み友だち

[KEYWORD: 共感]

逆位置	怠惰な楽しみにひたる
	熱しやすく冷めやすい恋／後ろ暗い関係／婚約破棄／ぬか喜びする／なれ合い／結論のでない会議／やり直し／無関心な人／遊び人／はめをはずして後悔／不摂生／成人病／仲よしのふり

THREE of CUPS

カップの3

MY KEYWORD

正位置	不満を抱えて悶々とする
	今の関係に納得していない／倦怠期／微妙な結果／不満のある環境に甘んじる／グチっぽい人／マイナス思考になる／自分にいい訳している／現状維持／退屈で耐えられない状況／考え中

[KEYWORD: 倦怠]

逆位置	不満への打開策を見いだす
	新しい恋に向かって動きだす／ためらいが消える／別々の道に進む／異動や転勤を願いでる／辞職／新規案件に着手する／一念発起／明るいアイデア／次のステージへ進む／ひらめきに従う

FOUR of CUPS

カップの4

MY KEYWORD

正位置	失った悲しみで後悔に暮れる
	失恋／別れたあとで大切さに気づく／悲しみでなにも考えられない／大きな損失／とばっちり／視野のせまい人／時間を戻したいと願う／自己嫌悪／未練／後悔先に立たず／情緒不安定

[KEYWORD: 喪失]

逆位置	新たな局面に向け再起する
	失恋を乗り越える／過去と決別する／新しくやり直す／再起復活／モチベーションを高める／市場調査／組織や企画を立て直す／多くの可能性を示せる人／覚悟を決める／奮起する

FIVE of CUPS

カップの5

MY KEYWORD

LUAのカード解釈　死　苦いブラックコーヒー。カフェインで眠気が飛び、生まれ変わった気持ちに。

正位置 懐かしさが胸を満たす

初恋／甘酸っぱい恋模様／相手につくす／元恋人／元同僚／昔の職場／過去の経験がヒントに／原点回帰／あどけない人／感傷的になる／童心に帰る／同窓会／幼少の記憶／ふるさと

[KEYWORD: 心の浄化]

逆位置 過去の記憶を引きずる

新たな出会いに気づかない／昔の恋人が忘れられない／共依存の関係／過去の栄光にすがる／センチメンタルになる／傷のなめ合い／閉鎖的な環境／思い出を美化する／過去を手放し前を向くとき

SIX of CUPS

カップの6

MY KEYWORD

正位置 夢に酔いしれて迷う

ドラマティックな恋／移り気な愛／うわっつらしか見えていない／妄想にとりつかれている／手を広げすぎて失敗／強欲／机上の空論／聞こえのいいセリフ／よりどりみどり／葛藤

[KEYWORD: 夢]

逆位置 夢の実現のため決断する

妄想じみた恋愛観から目覚める／相手の本性がわかる／冷静になる／実現性の高いプランを考える／選択肢をしぼる／とりかかる／迷いを断ち切る／優先順位を決めて／決断のとき

SEVEN of CUPS

カップの7

MY KEYWORD

正位置 終わりを悟り次に旅立つ

別れを決意する／片思いを諦める／未練を断ちきる／ピークを過ぎた状態／損切りをする／左遷／断念する／連絡が途絶える／疎遠になる／身を引いて去る／旅にでる／引退する

[KEYWORD: 変転]

逆位置 同じテーマに再挑戦する

相手に惚れなおす／別れを引き止められる／一度は諦めたことに再挑戦する／ダメ元で交渉する／リサイクル／新たな価値を発見／過去のできごとに学びを見いだす／再会／振り返り

EIGHT of CUPS

カップの8

MY KEYWORD

正位置
念願が叶い心が満たされる
長年の恋が実を結ぶ／充実した恋愛／満足のいく利益や報酬を得る／望んだ環境を手に入れる／金銭的・精神的な余裕のある人／誇り高い人／素直に喜ぶ／腹八分目／足るを知っている

[KEYWORD: 願望]

逆位置
欲望に支配され判断を誤る
体だけの関係／ゆがんだ愛情／自画自賛／欲で目がくらむ／調子に乗っている／底の見えない欲望／利益第一の経営／自分勝手な人／上から目線／ぜいたくに溺れる／負債や借金をつくる

NINE of CUPS
カップの9

MY KEYWORD

正位置
平穏な日々に幸せを感じる
心が通じ合う／家族が増える／結婚生活／幸せをかみしめる／確かなポジションを得る／精神的に充実する／まわりの人も愛せる／和気あいあいとした関係／平和／理想の家庭／達成感

[KEYWORD: 幸福]

逆位置
退屈な日々に不満を募らせる
理想の愛を追い求める／そばにいて当たり前／相手への感謝を忘れている／意欲の低下／ルーティンワーク／なにをされてもうれしくない／退屈な人／見栄を気にする／あやふやな幸せ

TEN of CUPS
カップの10

MY KEYWORD

正位置
すべてを受け入れる豊かな心
ロマンティックで甘い恋／体の関係になる／告白される／心しだいで不可能も可能となる／個性／創意工夫／クリエイティブな仕事／秘密を共有する／容姿端麗な人／相手の思いをくみとる

[KEYWORD: 受容]

逆位置
誘惑に流される弱い心
妄想の延長線上にある恋／お互いに未熟なカップル／感情的で頼りない人／依存／仕事に集中できない／甘えた勤務態度／無能な部下／甘言でだまされる／嘘／誘惑／成長できない関係

PAGE of CUPS
カップのペイジ

MY KEYWORD

LUAのカード解釈　節制　赤い羽根から鳥を連想。さらに、天使の足元の石が骨つきチキンに見えます。

正位置
理想を達成する喜び

プロポーズされる／ロマンスの予感／プレイボーイ／うれしい知らせを受け取る／大抜擢／出世／思慮深い言動／心の優しい人／清々しい気持ち／精神的な充実／繊細さ／誘いに乗る

[KEYWORD: 理想]

逆位置
現実に直面する悲しみ

はじめから終わりの見えている恋／手玉にとられる／キザなセリフ／契約の不履行／不本意な仕事につく／聞いていた話と違う／二枚舌／機転のきかない人／恩着せがましい／不満足

KNIGHT of CUPS
カップの
ナイト

MY KEYWORD

正位置
受け入れて本質を見抜く

最愛の人を得る／愛を再確認する／相手を理解する／心に寄り添う／柔軟な対応／組織や会社につくす／あたたかい職場／優しい上司／母性的な人／内省する／人徳／もの思いにふける

[KEYWORD: 慈愛]

逆位置
受け入れて同情にひたる

愛のない結婚／流される／恋多き人／優柔不断／辞めたいといいつつ辞めない人／無個性で埋もれがち／べったりの関係／ご機嫌うかがい／お人よし／うじうじした態度／依存やなれ合い

QUEEN of CUPS
カップの
クイーン

MY KEYWORD

正位置
悠然とものごとをこなす

家族のように愛おしい／安心感のある関係／心の声に従う／思いやりのある上司／望み通りの待遇／部下の成長を見守る／センスや好みの合う人／温厚な男性／芸術家／ゆったりかまえる

[KEYWORD: 寛大]

逆位置
ふりまわされ己を失う

恋人を信用できない／浮気される／うさんくさい男性／わいろ／脱税／泣き落としを企む／会社に搾取される／気まぐれな上司／薄っぺらい言葉／一貫性のない人／自分にも他人にも甘い

KING of CUPS
カップの
キング

MY KEYWORD

Message From LUA

タロットをもっと自由に
楽しんでみませんか？

　あなたにとって、タロットはどういう存在でしょうか？　マスターしたいけれど難しそう？　いつまでたっても教科書通りのリーディングから抜けだせない？　多くの人は「もっとタロットをつかいこなしたい」「もっといろいろなことが読み解けるようになるといいのに……」という願いを抱いているはずです。

　そんなあなたとタロットの距離をもっと近づけたい。タロットと友だちのようになって、いろいろなことを占い、悩みのヒントや生きる指針を得てほしいという願いから、本書は生まれました。

　1日4ページ、タロットを習得するためのコツやヒントが盛り込まれたレッスンを実践していくことで、カード1枚1枚への理解が深まり、リーディングのスキルがアップしていくでしょう。

　必要なのはペンとタロットカード、そしてタロットへの愛だけ。1日、取り組むごとに、きっと「こんなふうに考えればよかったのね！」という発見と気づきがもたらされるはず。

　4週間後のあなたは、プロのタロット占い師にも負けないリーディングスキルが身についているはずですよ。

LUAのカード解釈　悪魔　手品をはじめるところ。手前のふたりは助手で、演出のために縛られているのかも。

2	78枚のタロットカード	33	Message From LUA
		36	4週間、楽しみながらトライしてレベルアップ

大アルカナってなんでしょう？

- 4　0 愚者
- 5　1 魔術師／2 女司祭／3 女帝
- 6　4 皇帝／5 司祭／6 恋人
- 7　7 戦車／8 力／9 隠者
- 8　10 運命の車輪／11 正義／12 吊るし人
- 9　13 死／14 節制／15 悪魔
- 10　16 塔／17 星／18 月
- 11　19 太陽／20 審判／21 世界

小アルカナってなんでしょう？

- 13　ワンド／ワンドのA／ワンドの2
- 14　ワンドの3／ワンドの4／ワンドの5
- 15　ワンドの6／ワンドの7／ワンドの8
- 16　ワンドの9／ワンドの10／ワンドのペイジ
- 17　ワンドのナイト／ワンドのクイーン／ワンドのキング
- 18　ペンタクル／ペンタクルのA／ペンタクルの2
- 19　ペンタクルの3／ペンタクルの4／ペンタクルの5
- 20　ペンタクルの6／ペンタクルの7／ペンタクルの8
- 21　ペンタクルの9／ペンタクルの10／ペンタクルのペイジ
- 22　ペンタクルのナイト／ペンタクルのクイーン／ペンタクルのキング
- 23　ソード／ソードのA／ソードの2
- 24　ソードの3／ソードの4／ソードの5
- 25　ソードの6／ソードの7／ソードの8
- 26　ソードの9／ソードの10／ソードのペイジ
- 27　ソードのナイト／ソードのクイーン／ソードのキング
- 28　カップ／カップのA／カップの2
- 29　カップの3／カップの4／カップの5
- 30　カップの6／カップの7／カップの8
- 31　カップの9／カップの10／カップのペイジ
- 32　カップのナイト／カップのクイーン／カップのキング

38　**The 1st Week**

1枚1枚に注目してカードに慣れましょう

- 40　**Day 1**　絵柄から自由にイメージを広げましょう
- 44　**Day 2**　カードをいろいろなものにたとえてみましょう
- 48　**Day 3**　絵を隅々までチェックしてみましょう
- 52　**Day 4**　イレブンタロットをマスターしましょう
- 56　**Day 5**　描かれたモチーフの共通点を見つけましょう
- 60　**Day 6**　小アルカナのエレメントをつかみましょう
- 64　**Day 7**　コートカードを読み解けるようになりましょう

The 2nd Week
スプレッドの読み解きを深めましょう

- Day 8 　スリーカードで流れをつかみましょう
- Day 9 　択一でよりよい選択をしましょう
- Day 10 　ヘキサグラムで相性を読み解きましょう
- Day 11 　ケルト十字を読みこなしましょう
- Day 12 　ホースシューで問題を解決しましょう
- Day 13 　ホロスコープであらゆる運勢を占いましょう
- Day 14 　ハートソナーで対人問題を解決しましょう

The 3rd Week
リーディングのつまずきを回避しましょう

- Day 15 　逆位置をじょうずに読み解きましょう
- Day 16 　アドバイスカードを活用しましょう
- Day 17 　的確な答えを引きだすには質問力を高めましょう
- Day 18 　「今の自分カード」をつかいこなしましょう
- Day 19 　カードをどんな質問にも応用できるようになりましょう
- Day 20 　違いに注目してカードへの理解を深めましょう
- Day 21 　スプレッドの配置に縛られず読み解きましょう

The 4th Week
自分らしいリーディングをしましょう

- Day 22 　並べたカードをストーリーでつなげましょう
- Day 23 　別のタロットにふれることでマンネリを脱しましょう
- Day 24 　タロットをことわざや童話にたとえてみましょう
- Day 25 　流行や最新の話題も取り入れましょう
- Day 26 　日常をタロットにたとえてみましょう
- Day 27 　直感でも的確に読み解けるようになりましょう
- Day 28 　過去に占ったことを検証してみましょう

4週間、やりとげたあなたへ……

LUAのカード解釈　塔　清水の舞台から飛びおりる瞬間。相当の覚悟での挑戦なのです。

4週間、楽しみながらトライして レベルアップ

本書にはタロットに親しみ、理解し、実践力を高めるための様々な書き込み式レッスンを収録しています。

1週につき7日分、4週で合計28日間のレッスンがあります。1週目は初級編で、週を経るごとに少しずつ難易度が上がっていきますから、ぜひDay 1から挑戦してみましょう。

毎日、ひとつのレッスンを行うのが理想ですが、無理はしなくてかまいません。忙しいとき、気分が乗らないときもあるはず。お休みしてもOK。途中で投げださずに、最後まで4週間分、やりとげることを目標にしましょう。必ず努力が実り、どんなカードがでても臨機応変に読み解ける「タロット力」が身につくはずです。

The 1st Week
1枚1枚に注目して カードに慣れましょう

タロットカードのヒントは絵柄。テキストのキーワードに縛られず、自由に解釈するためのイメージの広げかたをマスター。

The 2nd Week
スプレッドの読み解きを 深めましょう

複数枚のカードを並べたスプレッドで占うとき、目をつけるポイントを解説します。リーディングの応用力を高めましょう。

The 3rd Week
リーディングのつまずきを 回避しましょう

占ってはみたものの、ピンとこない、あいまいな答えしかでないといった、よくあるつまずきを乗り越えましょう。

The 4th Week
自分らしい リーディングをしましょう

自由自在なリーディングを目標に、日常生活とタロットを結びつけるレッスンです。あなたらしい読み解きができるようになります。

今日の ワンオラクル

タロットにひとつ質問を投げかけて1枚カードを引くのがワンオラクル。1日のレッスンの終わりに挑戦してみて。日常で浮かぶ、なにげない疑問にカードを引く習慣をつけると、本格的なリーディングでもカードの意味をしっかり読み解くことができるようになります。

書き込み式レッスンを
はじめましょう

レッスンは1日分、4ページ。7日でひとつのテーマをマスターします。毎日続けられなくても、好きなとき、時間のあるときにトライしましょう。続けることが大切です。

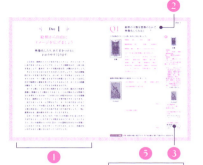

① この日のねらい
どんなテーマのレッスンを用意しているのか、実践することでどんな力がつくのかを解説しています。

② 問題
1日につき、1題から2題のレッスンを用意しています。難しく考えず、気楽な気持ちで取り組みましょう。カードがある人は、実物を見ながら行うのがおすすめです。

③ 例
回答例です。「こんなふうに書けばいいのね」というヒントになるでしょう。

④ Point
答えにつまったときのヒント。参考にしてみましょう。

⑤ LUAの解説
レクチャーしたことをさらに詳しく解説したり、問題をLUAならどう読み解くか、ポイントはどこにあるかを説明しています。

⑥ 今日のワンオラクル
その日のワンオラクルの読み解きを書きとめます。占うテーマはなんでもOK。「でかけたら雨は降りそう？」など、結果がすぐにでて、わかりやすいことがおすすめ。もしくは「今日の運勢は？」と占って日記がわりにしても。

⑦ 年・月・日・曜日
占った日付を書き入れましょう。あとで振り返るときに便利です。

⑧ 占ったテーマ
質問した内容を書きましょう。

⑨ 大アルカナ 小アルカナ
大アルカナはカード名を、小アルカナはW（ワンド）／P（ペンタクル）／S（ソード）／C（カップ）に○をつけて数字を書き入れましょう。正（正位置）だったか、逆（逆位置）だったかも○でかこみましょう。

⑩ 第一印象
カードを見て、反射的に思い浮かんだキーワードを書きましょう。

⑪ 解釈
質問の内容と照らし合わせて、自分なりのカードの解釈を書きましょう。

⑫ 結果は？
結果が判明したら書き入れましょう。自分のリーディングにどのくらい納得したか、5段階で評価して☆に色を塗りましょう。

LUAのカード解釈 星 エステ帰りでウキウキする女性。下腹部のたるみもそのうちなくなると信じて……。

The 1st Week

1枚1枚に注目して
カードに慣れましょう

タロット上達への第一歩はカードに慣れること。
1枚1枚イメージを自由にふくらませ、
カードと仲よくなりましょう。

この週をマスターすると……

- ☑ カードの区別がつくようになる
- ☑ 小アルカナを読み解く基本が身につく
- ☑ タロット占いをするための基礎体力がつく

この週で学ぶこと

先入観をなくし
イメージする力を身につけましょう

　第1週では「こう読まなくてはいけない」といった先入観をなくすことを目標にレッスンを進めていきます。

　78枚もあるカードをつかいこなせるか、ルールや1枚1枚の意味を覚えられるか、不安な人も多いかもしれません。

　しかし、心配することはありません。タロットの上達に必要なのは暗記ではなく、カードになじみ、イメージする力を養うこと。難しいことを抜きにして、絵柄を眺めることからはじめましょう。思った以上に読み解きの幅は広いことを実感できるはず。

　大小アルカナに親しめるレッスンもあるので、この1週間でタロットを読み解く基本的な力が身につくでしょう。

1週目のスケジュール

Day 1	絵柄から自由にイメージを広げましょう	P40
Day 2	カードをいろいろなものにたとえてみましょう	P44
Day 3	絵を隅々までチェックしてみましょう	P48
Day 4	イレブンタロットをマスターしましょう	P52
Day 5	描かれたモチーフの共通点を見つけましょう	P56
Day 6	小アルカナのエレメントをつかみましょう	P60
Day 7	コートカードを読み解けるようになりましょう	P64

LUAのカード解釈　月　ザリガニはうれしげにVサインを掲げているよう。根拠のない自信でいっぱいです。

Day 1

絵柄から自由に
イメージを広げましょう

映像化したり、あだ名をつけると
わかりやすくなります

　1日目は、絵柄のイメージを広げるレッスンと、タロットカードにあだ名をつけるレッスンです。じっくりと時間をかけ、1枚1枚を見ることで、基本の「カードを読み解く目」が養われるでしょう。

　タロットになじむにはどうすればいいのでしょう？　それは積極的にカードを見てあげること。占いが、カードを見ることもなくテキストのキーワード探しをするだけの作業になってしまってはNG。自分で絵柄から意味を見つけようとするからこそ、カードとの距離が縮まり、リーディングする力が高まるのです。

　カードと親しくなるために実践するといいのが、描かれた光景を想像し、映像のように動かしてみること。「この人物はどんな性格で、なにを考えているのか」「このあとなにが起きるのか」などを想像すると、絵柄からインスピレーションを受け取りやすくなります。

　友だちをニックネームで呼ぶように、カードにあだ名をつけることもリーディングの役に立ちます。苦手と感じるカードこそ、その1枚と向き合い、ぴったりのあだ名をつけてあげましょう。一気に愛着がわき、読み解きやすいカードになりますよ。

　①カードに似ている人、もの、できごとの名前にする　②このカードがでるとよく○○なできごとが起きるから○○カード、というように、占いの結果からつける　③カードの意味を自分なりの言葉にいいかえてつける、の3パターンで考えてみて。とくに、名前がない小アルカナと親しむにはうってつけでしょう。

Day 1

Q1 絵柄の人物を想像のなかで映像化してみると……？

この女性のイメージに近いものに○をしましょう。

正義

・年齢は（　若い　／　中年　／　高齢　）

・経済状況は（　貧しい　／　普通　／　お金持ち　）

・性格は（　優しい　／　厳しい　／　どちらともいえない　）

・イメージに合うと思う言葉に○をつけましょう。

> かわいい／かっこいい／まじめな／ルーズな／
> 地味な／勇気のある／冷静な／怒りっぽい／
> 潔癖な／美しい／醜い／情熱的な／明るい／
> 約束を守る／約束を破る／豪快な／保守的な／
> ミーハーな／おもしろい／冗談が通じない／暗い／
> その他のイメージ：

絵柄の男性が置かれた状況をイメージしましょう。

ワンドの7

・この人物は今、（　よい　／　悪い　）状況にいます。

> この人物が考えていることは
>
> です。

> この人物はこのあと
>
> です。

 例

正義

・年齢は
（若い／⦿中年⦿／高齢）
・経済状況は
（貧しい／⦿普通⦿／お金持ち）
・性格は
（優しい／⦿厳しい⦿／どちらともいえない）
・イメージに合うと思う言葉に○をつけましょう。

> かわいい／⦿かっこいい⦿／⦿まじめな⦿／ルーズな／地味な／⦿勇気のある⦿／⦿冷静な⦿／怒りっぽい／潔癖な／美しい／醜い／情熱的な／明るい／⦿約束を守る⦿／約束を破る／豪快な／保守的な／ミーハーな／おもしろい／⦿冗談が通じない⦿／暗い／その他のイメージ：化粧っ気のない

ワンドの7

・この人物は今、
（⦿よい⦿／悪い）
状況にいます。

> この人物が考えていることは
> はやくなんとかしないと！　です。

> この人物はこのあと
> 棒高跳びのようにして大きくジャンプしそう　です。

LUAのカード解釈　太陽　白馬を木馬に見立てたら、子どもは童心に帰って遊ぶ大人にも見えます。

Q2 | タロットカードに ニックネームをつけるとしたら？

次の4枚のカードに自分なりのニックネームをつけましょう。

例

ワンドの8
（　スムーズ　）カード

理由は？
このカードがでるときは渋滞に巻き込まれずにスムーズに目的地に到着するから

ワンドの8

（　　　　　　　　　　　　　）カード

理由は？

愚者

（　　　　　　　　　　　　　）カード

理由は？

ペンタクルの9

（　　　　　　　　　　　　　）カード

理由は？

ソードの6

（　　　　　　　　　　　　　）カード

理由は？

Point
自分がつかいやすくてしっくりくるものを

タロットのニックネームは、カードがもつ基本的な意味と自分のイメージが結びついているなら、あとは自由。自分にとってつかいやすいことが大切。気軽につけてみて。

Day 1

LUAの解説

カードとじっくり向き合えば
あなただけの解釈が生まれます

はじめてのレッスンはいかがでしたか？

Q1では「この女性の年齢は？」など、質問が問題になっていることでイメージを具体的に広げやすかったのではないでしょうか。ひとつでもなにかを書きだせたのであれば、あなたはカードからインスピレーションを受け取れていますよ。

Q2では、納得のいくニックネームが思い浮かばないカードもあったかもしれません。でも心配しないで。実際に占ううちに、「このカードは〈○○カード〉？」とひらめいたり、日常生活で「あのカードの意味ってこれかも」と腑に落ちたりする瞬間があります。時間をかけて仲よくなるカードもあっていいのです。

このレッスンで扱ったカードはほんの一部。ほかのカードも自分なりにイメージを広げたり、ニックネームをつけたりしてみましょう。実際に占うときに、スムーズに言葉がでてきやすくなりますよ。

今日のワンオラクル

　　　　年　　　月　　　日（　　）　　　解釈：

占ったテーマ：

大アルカナ　　　　　　　　　の 正・逆

小アルカナ
Ｗ　Ｐ　Ｓ　Ｃ の　　　　　の 正・逆

第一印象：

―――― 結果は？ ――――

納得度 ☆☆☆☆☆

LUAのカード解釈　審判　下校のチャイム。授業が終わり、「やったー！」と急に元気を取り戻す生徒たち。

Day 2

カードをいろいろなものに
たとえてみましょう

意味は暗記するのではなく
連想するものです

　２日目では、カードからバラエティ豊かにイメージを広げるレッスンをします。心にとどめておいてほしいのは、不正解はないということ。あなたのなかからでてきた言葉は、すべて正解。連想ゲームだと思って、自由にイメージしてみて。

　タロットはとても自由な道具です。難しいルールは一切ありませんし、深刻な悩みでないと占ってはいけないということもありません。日常生活でふと疑問がわいたときに、「どう思う？」と友だちに話しかけるような気軽さでつき合っていいのです。

　タロットカードには崇高で不変の意味があると思われがちですが、決してそんなことはありません。大事なのはカードではなく、そこからあなたがどんな連想をするかです。

　今日取り組みたいのが、固定観念を抜けだすレッスン。〈恋人〉がでたときに「恋愛・パートナー・快楽……」といった決まった言葉しか浮かんでこないのは、テキストのキーワードに縛られているせい。

　〈恋人〉を食べものにたとえるとどんなイメージが浮かびますか？ 背後の樹木から「フルーツ」を連想する人もいるでしょう。「快楽」というキーワードから、「いちばんの好物」を思い浮かべる人もいれば、中央の天使から「鍋奉行（鍋料理）」を連想する人もいるかも。和気あいあいと食べるイメージも〈恋人〉と重なりそう。

　こうした身近なことをカードにあてはめるクセをつけておくと、悩みを占ったときにもいろいろな解釈を引きだせるようになります。

Day 2

Q1 | カードを人やものにたとえるとどうなる？

絵柄や意味からイメージを広げ、いろいろなものにたとえてみましょう。

ソードの3

人物にたとえると……
外見は

内面は

例

ソードの3

人物にたとえると……

外見は
服はおしゃれなのに
タグを
はずし忘れていて
惜しい

内面は
いい人なんだけれど、
ときどき失言を
してしまうタイプ

皇帝

食べものにたとえると……
味は

食感や香りは

カップの6

ファッションにたとえると……
デザインは

素材や着心地は

世界

場所にたとえると……
具体的な場所は

雰囲気は

Point
感じたことをそのまま言葉にしてみましょう

いきなり「○○にたとえよう」と気負うと、難しく考えてしまうもの。まずはカードの絵柄から感じたこと、イメージしたことを言葉にする、というワンクッションをはさんでみましょう。

LUAのカード解釈　世界　子ども用のプールで遊ぶ大人。大人になると世界はせまく感じるのかも。

Q2 | 1枚のカードをあらゆるものにたとえると？

1枚のカードを様々なものにたとえてみましょう。
思いつく数だけ書いてみて。

戦車

[KEYWORD: **エネルギー**]

例

戦車

人物
明るくてパワフル
けんかっぱやい

食べもの
ハンバーガー

服
勝負服

場所
スタジアム
車通りの多い道

音楽
アップテンポ系

職業
アスリート

人物

食べもの

服

場所

音楽

職業

Point
見た目から
連想してみましょう

　〈戦車〉はこれから戦いにいく人の絵。服は「勝負服」、性格は「けんかっぱやい」など、まずはそのまま受け取ったイメージを書きだすのがおすすめ。

Day 2

LUAの解説

絵柄を見てふと感じたことから自由に発想してみて！

　〈カップの6〉の女の子を見てスカーフをイメージしたり、〈戦車〉の車から車通りの多い道を連想したり、絵がそのままあてはめられるものについては、やりやすかったのではないでしょうか。

　ただし、カードに描かれているものをまったく別のものにあてはめようとすると限界があるものです。大切なのはPointでも述べた通り、「カードから感じたこと」。たとえば、〈カップの6〉から「懐かしさ」を覚えたのであれば「昔好きだったファッション」という別の読みかたもでき、解釈の幅が広がります。

　あなたがカードから受け取る「感覚」とは形のないもの。描かれているものを感覚に変換すると、スムーズに別の対象を思い浮かべることができます。これができれば、「人が描かれていないカードを人にあてはめて読めない」など、よくあるつまずきも解消できるでしょう。

今日のワンオラクル

　　　　　　年　　　月　　　日（　）　解釈：

占ったテーマ：

大アルカナ
　　　　　　　　　　　　の 正・逆
小アルカナ
W／P／S／Cの　　　　　　の 正・逆

第一印象：

結果は？

納得度 ☆☆☆☆☆

LUAのカード解釈　ワンドのA　学生たち。「とにかく楽しければよし。イエーイ！」というノリを感じます。

Day 3

絵を隅々まで
チェックしてみましょう

解釈につながるヒントは
あらゆるところに隠れています

　3日目では、カードの絵柄をじっくり見ながら、ピンとくる感覚、「気になる」とはどういう感覚なのかを体験してみるレッスンを行います。心理テストのようなものですから、気楽にトライして。あなたの思いがけない本心が浮かび上がってくるかもしれませんよ。

　カードを引いたけれど、いまひとつピンとこない……。そういうときに、すぐにテキストに手をのばしていませんか？　もしくは「今のはナシ！」と、別のカードを引きなおしたり。

　ちょっとだけ待ってください。読み取るヒントはあなたの目の前にあります。引いたカードそのものが、最大のヒントなのです。

　注目するべきポイントは絵柄。カードを見たときにパッと目についたモチーフは、今あなたがいちばん関心を抱いていること、もしくは重要なこととリンクしていることが多いよう。気がかりなことがあるからこそ、そこに目がとまってハッとするのです。

　〈力〉のカードのように、複数の主要キャラクターがいる場合、自分を女性に投影させるか、もしくはライオンを自分とするか、ということでも読み解きかたは大きくかわってくるはず。

　大事なのは、引いたカードをおろそかにしないこと。なんらかの縁があってあなたの手元にきたのですから、じっくりと絵を見て、最後まで読み解くクセをつけましょう。絵を見るときは、本来の意味や、占うテーマに合っているかどうかは一度忘れてしまってOK。まずは気になったポイントを確かめて。

Day 3

Q1 | カードのなかで気になるところはどこ？

カードの気になるモチーフすべてに○をつけ、
次の質問に答えましょう。

ペンタクルの10

ペンタクルの10

**いちばん気になった
モチーフは？**

> 右下にいる
> 2匹の犬

**なぜ気になったの
だと思いますか？**

> 近所の人が白い犬を
> 飼っているので
> つい注目してしまう

**どんな意味が
ありそうですか？**

> 犬は安産の象徴だから
> キーワードの
> 「継承」とリンク？
> 犬をたくさん
> 飼える財力

いちばん気になったモチーフは？

なぜ気になったのだと思いますか？

どんな意味がありそうですか？

Point

こまかい部分に
注目してみましょう

　奥の塔は大アルカナの〈塔〉に通じているのかも？背景と一体化しているような老人のマントも、よく見ると様々なモチーフが。一見幸せそうな親子が、母親と父親がすれ違うような位置関係であることにも注目。

LUAのカード解釈 ワンドの2　家庭菜園。植物の支柱か、害獣よけのネットをはるための木を準備中？

Q2 | 全体をくまなくチェックできますか？

〈ワンドのクイーン〉にはクイーンや黒猫だけではなく、たくさんの「顔」が描かれています。カードに描かれた顔をできるだけ見つけ、○をつけてから次の質問に答えましょう。

ワンドのクイーン

 例

ワンドのクイーン

カードに描かれている「顔」をいくつ見つけられますか？

7 個

いちばん気になった「顔」はどれですか？

クイーンが座っている玉座の向かって左にいるライオン

どんな意味がありそうですか？

楽しそうなので人を喜ばせるイメージ。クイーンを守るようにそばにいるので、笑顔で不運をはじきとばしているのかも

カードに描かれている「顔」をいくつ見つけられますか？

個

いちばん気になった「顔」はどれですか？

どんな意味がありそうですか？

Point

ただの模様や背景と見逃さないで

服の模様や調度品、背景などに動物や天使などのモチーフが隠れていることが少なくありません。なかにはしっかり見ないと気づけないものも。描き込みが多いところに注目を。

LUAの解説

カードを覚えたあとも
じっくりと見る習慣をつけましょう

タロットは同じテーマで占って同じカードがでても、読む人やそのときの状況によって注目するモチーフがかわります。たとえば〈ペンタクルの10〉を見て、老人が自分と重なって見える日もあれば、犬が印象に残る日もあるでしょう。この感覚こそ、大切な読み解きの材料。ですから「意味を覚えたカードをよく見る必要はない」ということはありません。そのときに目についたモチーフを大事にしましょう。

Q２は「顔を探す」レッスンでした。顔は人の心があらわれるパーツであることから、とても重要。笑顔を見て、心から笑っていると感じるか、取りつくろっていると感じるか。後ろ向きの人物の表情は？など意識しながら見ましょう。

顔として描かれていない背景の一部であっても、顔に見えると感じたのであれば、それもメッセージのひとつかもしれません。自分の感覚を大切にしてくださいね。

今日のワンオラクル

LUAのカード解釈　ワンドの3　ヘアバンドから、サッカー選手。ベンチから試合の成り行きを見守っています。

Day 4

イレブンタロットを
マスターしましょう

大アルカナはペアで覚えると
理解がはやまります

　何枚ものカードを並べるときは、結果をまとめるのも難しいもの。そこでヒントになるのが、大アルカナです。カードのなかでもっとも強い意味があるのはもちろん、ペアとなるカードが占いの結果にでていた場合、特別な意味があることを教えてくれます。このペアが「イレブンタロット」とLUAが名付けたもの。

　イレブンタロットとは、大アルカナの番号を足して20になるカードのペアのことで、11組あります（ただし〈運命の車輪〉と〈世界〉のみ21になります）。

　〈愚者〉と〈審判〉には「未定と決定」、〈魔術師〉と〈太陽〉は「スタートとゴール」、〈女司祭〉と〈月〉は「白黒とグレー」、〈皇帝〉と〈塔〉は「安定と刷新」、〈司祭〉と〈悪魔〉には「理性と欲望」、〈恋人〉と〈節制〉は「楽しさと好奇心」、〈力〉と〈吊るし人〉は「動と静」、〈隠者〉と〈正義〉は「内的世界と現実社会」、〈運命の車輪〉と〈世界〉は「過程と完成」と、対照的な意味をもちます。イレブンタロットがでたら、これらの意味をカギに読み進めてみましょう。

　イレブンタロットを習得するメリットに、大アルカナの意味が覚えやすくなる、ということもあります。あるテーマを軸に対照的な意味をもつ2枚なので、それぞれの意味が際立ち、22枚を暗記するよりもはやく覚えられるのです。

　ここでふれなかった〈女帝〉と〈星〉、〈戦車〉と〈死〉については、Q2のワークで一緒に考えていきましょう。

Day 4

Q1 「イレブンタロット」を見つけられますか？

次の大アルカナのカードからイレブンタロットの組み合わせを
4組探し、下の空欄にカード名を書き込みましょう。

Point
**足して20になる組を
ていねいに探して**

　イレブンタロットは足して20になるものが対になるというシンプルなルール。覚えられないうちは、占ったときに足して20になるかどうかていねいに確認して。ただし、〈運命の車輪〉と〈世界〉のみ例外で、足して20にはならないので注意。

0	愚者	11	正義
1	魔術師	12	吊るし人
2	女司祭	13	死
3	女帝	14	節制
4	皇帝	15	悪魔
5	司祭	16	塔
6	恋人	17	星
7	戦車	18	月
8	力	19	太陽
9	隠者	20	審判
10	運命の車輪	21	世界

答え

	と			と	
	と			と	

LUAのカード解釈　ワンドの4　パーティの二次会にいくところ。向こうに見えるのは一次会で帰る人たちです。

Q2 イレブンタロットの特別な意味がわかりますか?

2枚のカードで対照的な部分を書き、
次のイレブンタロットの意味を自分なりに表現してみましょう。

女帝

星

例

女帝　　　星

対照的な部分
女帝はドレスを
着ているのに対し、
星は裸。
星のほうが純真無垢な
存在で、
女帝は経験が豊富で
満たされている
イメージ

イレブンタロットの意味
今ある財産と
未来の財産

対照的な部分

イレブンタロットの意味

戦車

死

対照的な部分

イレブンタロットの意味

Point
絵柄の細部まで比較してみましょう

　意味を探るヒントは絵柄にあります。〈女帝〉と〈星〉に描かれた人物の年齢は何歳くらいでしょうか？ ポーズに違いはありますか？ 背景は？ 細部まで比較していくと意味が見えてきます。

LUAの解説

大アルカナを見かけたら
イレブンタロットを意識して

大アルカナはそれぞれインパクトがあるので、対になる要素などないように思えます。しかし、ていねいに絵柄を見ていくとイレブンタロットのテーマがわかるはず。
〈女帝〉は豪華なドレスや階級、ゆったりと座った姿から、「すでに満たされた状態にある」という、ある程度の年を重ねた女性でしょう。一方〈星〉は純粋さをあらわす裸であること、動きのあるポーズをしていることから、「未来の可能性がある」若い乙女だとわかります。〈戦車〉と〈死〉はどちらも乗りものに乗っている点では共通していますが、〈戦車〉は「自分の意志で突き進み戦う者」。対して〈死〉は、意志に関係なく「誰にでも訪れるさだめのようなもの」なのです。

占ったときに大アルカナがでたら、イレブンタロットを探す習慣をつけて。読み解きの軸になり、残りのカードの意味もつかみやすくなります。

今日のワンオラクル

年　　　月　　　日（　）　　解釈：

占ったテーマ：

大アルカナ
　　　　　　　　　の 正・逆
小アルカナ
W P S C の　　　　の 正・逆

第一印象：

結果は？

納得度 ☆☆☆☆☆

LUAのカード解釈　ワンドの5　ヒーローショー。武器が不自然な大きさ。パフォーマンスとしての乱闘です。

Day 5

描かれたモチーフの共通点を見つけましょう

アイテムの意味を理解すると解釈を広げやすくなります

　ここまで絵柄からのイメージがすべての解釈の基本であるということをお伝えしてきました。

　カードに描かれたもののなかでも、細部のシンボルを見たり、人物の表情を見たり、そこからキャラクターの性格や物語を想像したりと、カード1枚からずいぶんイメージを広げられるようになってきたのではないでしょうか。

　テキストのキーワードに頼る前にピンときたことを大切にし、自分なりに連想してみるという、この基本ルールを大切にしていけば、どんな質問を投げかけてもカードが読めるようになっていくでしょう。

　5日目は、カードを見比べることで、個々のカードの意味合いをより鮮明に浮かび上がらせるレッスンをします。

　大小アルカナ78枚のカードは、不思議と構図が似ているカードがあります。代表例が「裸の人物」と「2本の柱」。似た印象があるため、解釈を混同してしまう人も多いかもしれません。

　カードを覚えるコツは、共通点を見つけること、そして違いを見つけること。「ここが違う」というポイントが明確になれば、あやふやな読みになったり、意味を混同したりすることはなくなるでしょう。

　ここで紹介したもの以外にも、構図が似ているカードはたくさんあります。〈ソードの2〉と〈ペンタクルの2〉は手にふたつのアイテムをもっているところがそっくり。こうしたカードも自分なりに共通点と違いをまとめておくといいですね。

Day 5

Q1 | 共通するモチーフがあるカードの意味の違いは？

裸の人物は、つつみ隠すものがない状態をあらわし
なにかに対して忠実である様子を意味するといいます。
それぞれなにに対して忠実だと思いますか？

例
恋人
[快楽] に忠実

恋人
[　　　　　] に忠実

悪魔
[　　　　　] に忠実

星
[　　　　　] に忠実

太陽
[　　　　　] に忠実

審判
[　　　　　] に忠実

世界
[　　　　　] に忠実

Point
タイトルからも連想してみましょう

裸の人物が描かれているのは大アルカナのみ。強い意味をもつ大アルカナだからこそ、つつみ隠すものがない、裸の人物が登場しているのかもしれませんね。絵柄はもちろん、タイトルからも連想しましょう。〈悪魔〉であれば「悪いこと＝欲に忠実」というようにとらえられますね。

LUAのカード解釈　ワンドの6　テーマパークのパレード。演じているほうは同じことの繰り返しで飽き飽き。

Q2 | 対照的なふたつの要素を導きだせますか？

柱や対になった塔は対照的なふたつの要素や価値観をあらわします。これらのカードがどんな対になる要素を示しているのかを考えてみましょう。

 例

女司祭

| 白 |
| と |
| 黒 |

女司祭

☐ と ☐

死

☐ と ☐

月

☐ と ☐

司祭

☐ と ☐

正義

☐ と ☐

Point

柱や門の向こう側にはなにがあるのでしょう？

対になった柱や門はもうひとつの世界への入口を示すと考えてみて。

〈死〉は死神があらわれ、遺体のある情景が手前に描かれている一方で、門の向こうでは太陽が輝いています。〈司祭〉では、手前にいる修道士に柱の向こうを隠すようにして司祭が座っています。柱の向こうにはなにがあるのでしょうか？なにを分ける柱（門）であるかを考えると、テーマが見えてきますよ。

Day 5

LUAの解説

共通するモチーフを自分なりに整理するのもおすすめです

衣服は人間だけがつかい、社会的立場、つまり理性を示すモチーフといえます。裸の人物がいるカードがでたときは「より本能的な感情」があらわれていると読むこともできますね。私は〈恋人〉は快楽に、〈悪魔〉は欲望に、〈星〉は希望に、〈太陽〉は成功に、〈審判〉はタイミングに、〈世界〉は自分自身に忠実と読みました。

Q2の〈女司祭〉は、「白と黒」「陰と陽」などあらゆるふたつの要素を司る存在です。

〈死〉は「終わりとはじまり」あるいはストレートに「生と死」と読めます。〈月〉に描かれた門は「現実と幻想」を隔てているようです。〈司祭〉は神の教えを人々に説く存在なので、司祭の後ろにある柱は神の世界と人の世界の入口であると予想できます。〈正義〉は「善と悪」をあらわしているでしょう。占ったときに、これらのカードがでた場合は、なんらかの葛藤を示していることもあるようです。

今日のワンオラクル

年　　　月　　　日（　　）　　解釈：

占ったテーマ：

大アルカナ
　　　　　　　　　の 正・逆

小アルカナ
W　P　S　Cの　　　　　の 正・逆

第一印象：

―― 結果は？ ――

納得度　☆☆☆☆☆

LUAのカード解釈　ワンドの7　棒高跳びの選手。足元の棒はこれまでに練習した数なのかもしれません。

Day 6

小アルカナのエレメントを
つかみましょう

実体験と結びつければ
意味もとりやすくなります

　6日目では、エレメントに対する理解を深めていきます。4つのスートとエレメントを自分なりに表現できるようになったとき、小アルカナを自由自在に解釈できるようになっている自分に気づくでしょう。

　大アルカナのようにタイトルが描かれていないため、小アルカナは意味をとりづらいと感じがちなようです。

　その壁を乗り越えるには、小アルカナは火（ワンド）・地（ペンタクル）・風（ソード）・水（カップ）という4つのエレメントが軸になっているということをベースに考えるといいでしょう。

　その際、言葉だけで覚えるのではなく、イメージや体感を伴ってエレメントを感じるのがポイントです。

　火が象徴する「情熱」を、どういう行為をしているときに感じますか？　そのときの感情はどういう言葉になるでしょう？

　地があらわす「豊かさ」は、実生活でどういうときに感じますか？　最近、なにかをコツコツやりとげた経験はありますか？

　風があらわす「思考」をソードのように鋭い刃として感じた経験はありますか？　コミュニケーションにおいて言葉の重要性を体感したできごとはなかったでしょうか？

　水があらわす「愛」を感じた経験はありますか？　それはどんなシチュエーションで、どんな相手だったでしょうか。

　それぞれ、実体験と結びつけながら、自分の言葉で語れるようになってくると、小アルカナの解釈がいきいきとしてきますよ。

Day 6

Q1 | エレメントを擬音語・擬態語にしてみたらどうなる?

「キラキラ」や「ざわざわ」などの擬音語・擬態語で
火・地・風・水のエレメントをあなたなりにあらわしてみましょう。

例
水のエレメントの場合

うるうる
ひたひた
ピチャピチャ
ザーザー
パシャパシャ

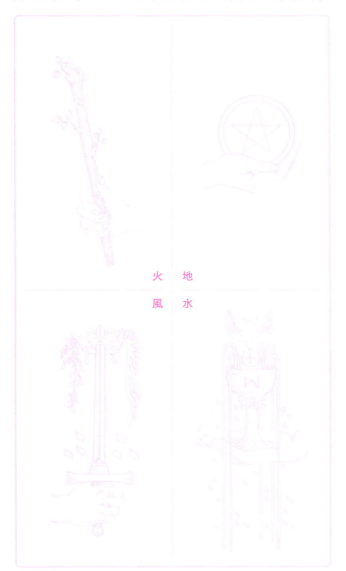

| 火 | 地 |
| 風 | 水 |

Point
擬音語・擬態語が読み解きの助けに

「このエレメントにはこういう意味があって……」と難しく考えすぎないことが大切です。「火はメラメラ燃える」「パチパチ火花が散る」というように、直接的にエレメントを想像してみて。

LUAのカード解釈 ワンドの8 耳かき。ただし、葉っぱがついていて、こそばゆいものもあります。

Q2 | 4人のナイトはそれぞれどのようにして目標へたどりつく？

同じナイトでもスートごとに目標へのアプローチが違います。
いちばんに目標にたどりつくナイトは？　はやい順に（　）に番号を書き、
スートの意味もふまえて、その理由も考えましょう。

例

ペンタクルのナイト

順位（　4　）

理由は？
いちばん動きがない
ように見えたから

カップのナイト

順位（　　　　　　）

理由は？

ソードのナイト

順位（　　　　　　）

理由は？

ペンタクルのナイト

順位（　　　　　　）

理由は？

ワンドのナイト

順位（　　　　　　）

理由は？

Point

馬の走らせかたに注目をしましょう

　ナイトは戦いにいく人ではなく、目的地を目指す存在。彼らの馬の走らせかたは目標の目指しかたといえるでしょう。

　馬のスピード感にスートの個性がでています。〈ペンタクルのナイト〉は馬がまったく動いていないように見えますね。

Day 6

LUAの解説

わかりやすいスートを中心に比較をしてみましょう

　エレメントを理解するためにこれからも実践してほしいレッスンがあります。それは、普段から火や水を扱うとき、風を感じたとき、土にふれたときに意識的になること。「ああ、火ってこういうものなんだ」というリアルな感覚を体感し覚えておくのです。この「感じる」訓練があなたのインスピレーションを磨いてくれるでしょう。

　Q2では、私はもっとも勢いのある〈ワンドのナイト〉、むだなく突き進む〈ソードのナイト〉、気分によって速度がかわる〈カップのナイト〉、地道に進む〈ペンタクルのナイト〉の順と読みました。コツは読みやすいと感じるスートを中心にほかのスートを比較すること。今回はいちばん動きがない〈ペンタクルのナイト〉を中心に「次にはやいのはカップ」と考えました。このように、ほかのスートの意味と比較することで、読み解きたいカードの意味を浮き彫りにする手法は、占いのときにもつかえますよ。

今日のワンオラクル

　　　　　　　年　　　月　　　日（　　）　　解釈：

占ったテーマ：

大アルカナ
　　　　　　　　　　　　　の 正・逆
小アルカナ
　W　P　S　C の　　　　　　の 正・逆
第一印象：

結果は？

納得度　☆☆☆☆☆

LUAのカード解釈　ワンドの9　お酒をつくっている人。下に桶があって、棒でかき混ぜています。

Day 7

コートカードを読み解けるようになりましょう

階級とスートを理解してキャラクター化しましょう

　4日目では、人物をあらわすコートカードのスートと階級を組み合わせながら、臨機応変に読み解く練習をしましょう。

　実際に占ったときに、コートカードがわかればいろいろなヒントを得やすくなります。引いたその人自身の心境をあらわしたり、キーパーソンの存在を暗示したりするからです。

　まず、コートカードは「家族」をイメージするとわかりやすくなります。どの家にもペイジ、ナイト、クイーン、キングの4人（4つの階級）がいます。そして、4つのスートの家族にはそれぞれのムードがあります。ワンド（火）一家は、情熱的で活気があり、ペンタクル（地）一家は、着実であることを重んじ、穏やかな家庭を築いていそうです。ソード（風）一家は、家族でありながらドライで議論を好み、カップ（水）はアットホームで和気あいあいとしているでしょう。

　また、各家庭を構成する4つの階級が、どのようにそのスートを表現するかを意味します。幼いペイジはスートの性質を純粋に楽しんでおり、若いナイトはその性質を言葉で表現します。母のクイーンは、スートがもつ意味を愛や感情であらわし、父であるキングはスートを行動で表現する人です。たとえば、〈カップのナイト〉であれば、愛（カップ）を言葉にする人（ナイト）と組み合わせて解釈することができるのです。

　スートと階級の仕組みさえマスターすれば、テキストなしでも16枚のキャラクターがつかめるようになるでしょう。

Day 7

Q1 | 4人のペイジには
それぞれどんな口グセがあるでしょう?

スートごとのペイジの性格をイメージしながら
彼らがよくいいそうなことを書きだしてみましょう。

ワンドのペイジ

やりたいことが
いっぱいありすぎる！
夢中になると
あっという間に
終わっちゃうね

ワンドのペイジ

ペンタクルのペイジ

ソードのペイジ

Point
**スートとペイジの個性を
組み合わせて読む**

　ペイジは「見習いの少年」を指します。コートカードのなかでもっともフレッシュな存在であり、各スートの性質をシンプルにあらわします。なにも経験がないからこそ謙虚になるのか、逆に強い野心を抱くのか。そんなふうに想像をしてみましょう。学生時代のクラスメイトにあてはめてイメージしても、おもしろいかもしれませんね。

カップのペイジ

LUAのカード解釈　ワンドの10　若づくり。思ったよりスカートが短かったけれど、本人は気づかず。まわりは……。

Q2 | ソードのコートカードから
それぞれどんなアドバイスがもらえそう？

ソードのコートカードに仕事の業績を上げる方法を聞いたら、どんなアドバイスをくれるでしょうか？ イメージして書きだしてみて。

例

ソードのペイジ

なにがあっても
対応できるように、
もっと気を引きしめた
ほうがいいと思うよ

ソードのペイジ

ソードのナイト

ソードのクイーン

ソードのキング

Point
階級がスートの意味をあらわす

コートカードは「スートがもつ意味を階級（ペイジ・ナイト・クイーン・キング）に合った方法であらわす」と覚えておくと読みやすいでしょう。

もし、〈ソードのキング〉にアドバイスを聞いた場合は、「考え（ソード）を行動で示す人（キング）」となり、「問題について厳格な態度で考え、現実をかえていく」などと読むことができるでしょう。

Day 7

LUAの解説

16人のキャラクターを理解すれば
読み解きやすくなります

Q1ではペイジはどのように語りかけてきたでしょうか？ ピンとくる言葉が思い浮かばなかった人は、イメージしやすい身近なシチュエーションを用意して。ペイジの場合、後輩として入ってきた新入社員だと考えてみましょう。ワンドのペイジはこれからの仕事に「やるぞ！」と意欲を燃やしているかも。カップであれば「どうも！」と愛嬌たっぷりでかわいがられる後輩というイメージも浮かぶでしょう。

Q2の、同じスートの4人の性格を区別するレッスンは難しかったでしょうか？ まずは、絵柄の印象を感じ取ることが基本でしたね。次に、今日学んだスートと階級との組み合わせからキャラクター像をイメージしていきます。「ソードの思考をペイジが表現するなら？ ナイトの場合は？」と、階級を比較しながらひとつひとつていねいに組み合わせていくこと。違いがわかるようになると読み取りやすくなります。

今日のワンオラクル

年　　　月　　　日（　）　　解釈：

占ったテーマ：

大アルカナ
　　　　　　　　　　の　正・逆
小アルカナ
W / P / S / C の　　　　　の　正・逆

第一印象：

結果は？

納得度 ☆☆☆☆☆

LUAのカード解釈　ワンドのペイジ 野外フェスでしょうか。彼は歌手で、マイクの高さを調整しているようです。

The 2nd Week

スプレッドの読み解きを深めましょう

スプレッドとは、複数枚のカードを並べた形のこと。
ひとつの問題について
いろんな角度から読み解きをするものです。

この週をマスターすると……

- ☑ 複数枚つかうスプレッドもスムーズに占える
- ☑ いろいろな質問への応用力がつく
- ☑ とくに注目すべきカードがわかるようになる

この週で学ぶこと

1枚1枚ではなく
スプレッド全体をとらえられるようになって

　ここまでで、だいぶタロットに親しむことができたのでは？　第2週はタロットの醍醐味であるスプレッドを攻略していきます。
　スプレッドとは、タロットカードを並べる形のこと。それぞれの位置に意味をもたせて「ここにでたカードは、問題のこの側面をあらわしている」など、こまかく分析します。スプレッドを展開すると、ワンオラクル（1枚引き）のときとは違う情報を引きだせます。隣り合うカードや全体の印象などから、新しい情報を得られることも。スプレッド全体を眺める目を鍛えると、どんどん問題の答えがひらめくようになりますよ。

2週目のスケジュール

Day 8	スリーカードで流れをつかみましょう	P70
Day 9	択一でよりよい選択をしましょう	P74
Day 10	ヘキサグラムで相性を読み解きましょう	P78
Day 11	ケルト十字を読みこなしましょう	P82
Day 12	ホースシューで問題を解決しましょう	P86
Day 13	ホロスコープであらゆる運勢を占いましょう	P90
Day 14	ハートソナーで対人問題を解決しましょう	P94

LUAのカード解釈　**ワンドのナイト**　ロデオマシン。暴れ馬のように見えるけれど、機械なので安心です。

Day 8

スリーカードで
流れをつかみましょう

スリーカードで
全体を見るクセをつけましょう

　枚数が少なく、端的な答えをだせるスリーカードは、初心者におすすめのスプレッド。最初にスリーカードを練習することで、ほかのスプレッドにも応用できるテクニックが身につきます。

　8日目は、2種類のスリーカードの基本を学びながら、スプレッド全体からカードの強弱を見極めるレッスンをしてみましょう。

　スリーカードは、おもに2種類の活用法があります。過去・現在・近未来の運の流れを占う方法と、原因・結果・アドバイスという、直面している問題を分析して解決策を得る方法です。どちらもたった3枚で占える、つかい勝手のいいスプレッドといえるでしょう。

　まず運の流れを読むスリーカードの場合、過去・現在・近未来の流れをつかむことがポイント。全体を見て、勢いが増しているのか、衰退しつつあるのか、どこにいちばんの重点が置かれているのかを判断しましょう。もちろん大アルカナや小アルカナのAなど、強いカードがでたところが重要ですが、そこだけに縛られず、強いカード、弱いカードを比べつつ、前後の流れを読んでいきます。

　問題の解決策を探る方法も同様に、カードの強弱を見極め、強いカードを主軸に読むと、ストーリーを紡ぎやすくなるはず。

　スリーカードは枚数が少ない分、全体を見渡しやすいため、モチーフや絵柄の共通点に目がとまりやすくなります。思いがけないところにヒントが隠れていることも多いので、少し離れてスプレッド全体を眺めてみるといいでしょう。

Day 8

Q1 運の流れを占うスリーカード、あなたはどう読み解く?

下記のテーマでスリーカードを展開しました。スプレッドを見ながら次の質問に答えましょう。

テーマ：突然告げられた異動。私の仕事運はどうなる?

①過去
ワンドの5

②現在
隠者

③近未来
ワンドの2

スプレッドを見て気になったことやモチーフを書きだしましょう。

どのような未来が予想できそうですか?
あてはまると思うものに◯をつけましょう。

(　　よくなる　／　悪くなる　／　どちらともいえない　)

あなたなりの解釈を書いてみましょう。

例

スプレッドを見て気になった
カードやモチーフを
書きだしましょう。

> 人物がすべて男性
> すべて正位置

どのような未来が
予想できそうですか?
あてはまると思うものに◯
をつけましょう。

(⦿よくなる／　悪くなる／
どちらともいえない　)

あなたなりの解釈を
書いてみましょう。

> さわがしくて忙しい
> 部署だったけど、
> 今となってはそれが
> 幸せだったと
> 過去を懐かしんでいる。
> 今後は今までの経験を
> いかして、
> 新たな挑戦を
> するのがよさそう

Point

強いカードはどれか まずは目をつけて

　カードの強弱を読み取るには、大アルカナがでたところがポイント。共通するスートがでているところも判断材料。
　〈ワンドの5〉から〈ワンドの2〉という流れなので、未来に向けて落ち着いていく様子。〈隠者〉も杖（ワンド）をもっているので、仕事に対する質問者の強い意欲がうかがえるかもしれません。

LUAのカード解釈　ワンドのクイーン　女子力。片手にワンド、片手にひまわり。戦闘中でも花は手放さない！

Q2 | 原因・結果・アドバイスを占うスリーカード、あなたはどう読み解く?

下記のテーマでスリーカードを展開しました。スプレッドを見ながら次の質問に答えましょう。

テーマ：親といい関係を築きたいのに、つい、いい争いに。どうすればいい？

① 原因
太陽（逆）

② 結果
ペンタクルのA

③ アドバイス
カップの4（逆）

スプレッドを見て気になったことやモチーフを書きだしましょう。

「原因」と「結果」の間にどんなことが起こりそう？

あなたなりの解釈を書いてみましょう。

例

スプレッドを見て気になったカードやモチーフを書きだしましょう。

> 大アルカナがでた、右の2枚は雲からでた手が描かれている

「原因」と「結果」の間にどんなことが起こりそう？

> ペンタクルと太陽が似てる……かげった太陽（逆）がきちんと輝く（ペンタクルのA）、つまり「雨降って地かたまる」的なできごとがありそう

あなたなりの解釈を書いてみましょう。

> 太陽（逆）から、原因はケンカしたあとそのままにしてしまうこと。気まずい状況を打開する努力をすれば（カップの4（逆））、仲直りできそう（ペンタクルのA）

Point
わかりやすいカードを軸にして読み解いて

「結果」の〈ペンタクルA〉から「今がどうであれ、いい関係になるはず」という前提で読んでみましょう。本来は明るい親子関係が〈太陽（逆）〉が示すように一時的にひっくり返っただけとも読めます。

LUAの解説

強いカードを軸に読み解くと
全体の流れをつくりやすくなります

Q1では唯一の大アルカナ〈隠者〉にカギがありそう。つまり重要なのは①「現在」であり、そこに影響した過去をふまえ、未来を読んでいく流れにします。絵柄にも〈隠者〉が〈ワンドの5〉を見つめていて、仲間と切磋琢磨していた過去と比べて「あのときはよかった」という心境。ただ〈ワンドの2〉が手にする地球を「育んできたスキルや人脈（〈ワンド5〉の仲間）」ととらえれば、今後もがんばれるでしょう。

Q2では逆位置の〈太陽〉よりも〈ペンタクルのA〉を重視して読むと「結果的にはいい関係になれる」という判断に。③「アドバイス」の〈カップの4（逆）〉は、マンネリから生じた負のパターンからの脱出がテーマ。〈太陽〉が暗示するように、本来はいい家族なのに、逆位置ででたので「これくらいいいや」という甘えやわがままが目立つのかも。アドバイスは「親しき仲にも礼儀あり」となるでしょう。

今日のワンオラクル

　　　年　　　月　　　日（　）　　解釈：

占ったテーマ：

大アルカナ　　　　　　　　　の 正・逆

小アルカナ　W P S C の　　　　の 正・逆

第一印象：

――― 結果は？ ―――

納得度　★★★★★

LUAのカード解釈　ワンドのキング　スポーツの監督。今にも選手にゲキを飛ばそうと、身を乗りだしています。

Day 9

択一でよりよい選択をしましょう

問題そのものを客観的に見る目がカギを握ります

　9日目は、質問者のコンディションが占った結果にどのようにか関わってくるのか、択一を通じてレッスンしていきましょう。

　人生は選択の連続。欲しいものがふたつあるけれど、どちらにしよう。AのプランとBのプラン、よりよいのはどちら？　複数の選択肢を前にして迷う場面は、日々何度も訪れるでしょう。

　基本的に、答えは自分のなかで決まっているものですが、迷いが生じているなら、なんらかの不安要素があるということ。それを整理したり、別の視点から見ることで、決断を下しやすくし、背中を押してくれるスプレッドが択一です。

　よく聞かれるのが「どんなカードがでれば正解（正しい選択）ですか？」ということ。誤解されがちですが、カードが「こちらがいいですよ」と教えてくれるのではありません。「こう考えることもできますよ」とヒントをくれるだけ。いいカードがでても、悪いカードがでても、最終的にどちらを選ぶかを決めるのはあなた。「カードがこういったから」と責任を放棄するのはNG！

　そのうえでもカギになってくるのが、③質問者の態度です。ここにでたカードは選択全体に関わってきます。この選択に意味はある？　選択肢はこれがすべて？　内容によっては、決断を保留したほうがいい、という結論になることもよくあります。

　択一のレッスンを通じて、問題そのものを俯瞰して見るクセをつければ、より客観的な読み解きをすることができるでしょう。

Day 9

Q1 | 択一でこのカードがでたら あなたはどちらを選ぶ？

下記のテーマで択一を展開しました。スプレッドを見ながら空欄を埋め、質問に答えましょう。

テーマ：フェミニンなブラウスとカジュアルなカットソー、どちらを買う？

これを買うとどうなる？

これを買うとどうなる？

①選択肢A
ブラウス
カップの10（逆）

②選択肢B
カットソー
ソードの3

③質問者の態度
ワンドの3（逆）

質問者はどんな態度をしている？

あなたの最終判断としてあてはまるものに○をつけましょう。

（　ブラウス　／　カットソー　／　両方買う　／　両方買わない　）

例

①選択肢A ブラウス

これを買うとどうなる？
悪くはないけれど
デザインに飽きてしまう

②選択肢B カットソー

これを買うとどうなる？
雨に降られて
すぐにいたんでしまう

質問者はどんな態度をしている？
3本のワンドのうち
2本がブラウス側に
あるので、
ややブラウスに
ひかれているのかも

あなたの最終判断としてあてはまるものに○をつけましょう。
（ブラウス／　カットソー／
両方買う／　両方買わない　）

Point

全体をチェックしてみましょう

　3枚中2枚が逆位置ででていることにも注目を。あまりいい買いものではない、正直なところ乗り気ではないと読めるかもしれません。また「カットソー」「質問者の態度」に同じ「3」がでているところに注目するとそちらにひかれているとも読めそうです。

LUAのカード解釈　ペンタクルのA　お金があればなんでもできる。なんでもありなんだと自信がある手です。

Q2 | 択一を展開しても
さらに迷ってしまうときは？

下記のテーマで択一を展開しました。カードを読み解き、
空欄に答えを書きましょう。

テーマ：彼とのデート。海と遊園地、どちらのほうが楽しく過ごせそう？

①選択肢A
海
ソードの7

③質問者の態度
運命の車輪（逆）

②選択肢B
遊園地
正義

例

あなたの解釈は？

関係を進展させる
チャンスになるとは
思っていない様子の
〈運命の車輪（逆）〉。
海へいくと
意地悪な人に会い
嫌な思いをするかも
〈ソードの7〉。
どちらかといえば
遊園地〈正義〉だけど、
ムードに欠けそう

**どんなアドバイスが
読み取れますか？**

パワーをあらわす
〈ワンドのキング〉が
でてたから、遊園地で
絶叫系の
アトラクションに乗れば
盛り上がる？
ただし逆位置なので
悪ノリに注意

あなたの解釈は？

さらに「デートを成功させるために必要なこと」を引き足しました。
次のカードを解釈してみましょう。

引き足しアドバイス
ワンドのキング（逆）

どんなアドバイスが読み取れますか？

Point

選択肢の状況を
自由にイメージしてみて

対等さをあらわす〈正義〉なので等身大でのデートができそうですが、〈ソードの7〉は海からの裏切り、つまり天気が悪い可能性があるとも読めます。デートなのにソードをもったカードが多く、甘さに欠ける雰囲気が漂っているのも特徴です。

Day 9

LUAの解説

結果によっては別の選択肢が見えてくることも

Q1については③「質問者の態度」にでた〈ワンドの3（逆）〉がワンドであることから、その品物が欲しいというより、ただお金をつかいたいという散財願望が見て取れます。また「もっと安ければ」「買ったあとにもっといいものを見つけたら？」という不安も。見送ったほうがいいことは、質問者がいちばんよくわかっていそう。

Q2はカードの強さからいえば、選ぶべきは〈正義〉がでた遊園地ですが、③「質問者の態度」が〈運命の車輪（逆）〉なのが気がかり。このふたつの選択肢に対して「ちょっと違うかも」という思いがあるようです。どうしても選べない場合は、さらに質問を立てて1枚引き足すのも手。〈ワンドのキング（逆）〉がでたので、選択肢をいくつか用意しておいて、当日の状況でフレキシブルにリードするとよさそう。

無理に結論をださず、全体の方向性の見直しをはかるという選択肢も意識しましょう。

今日のワンオラクル

年　　月　　日（　）　　解釈：

占ったテーマ：

大アルカナ
　　　　　　　　　　　の 正・逆

小アルカナ
W P S C の　　　　　　の 正・逆

第一印象：

結果は？

納得度 ☆☆☆☆☆

LUAのカード解釈　ペンタクルの2　気合いを入れても入れなくても同じだから、肩の力を抜いて大丈夫。

Day 10

ヘキサグラムで相性を読み解きましょう

読みどころをつかんでポイントをしぼりましょう

　10日目は、ヘキサグラムを題材に、枚数の多いスプレッドの情報をどのように整理し、読みどころを見つけていくか、そこからどのようにストーリーを紡いでいくかをレッスンしていきましょう。

　ヘキサグラムとは「あの人との相性は？」「あの人は自分のことをどう思っている？」という疑問がわいたときに役立つスプレッドです。三角形をふたつ重ねた六芒星の形をしており、自分と相手の状況を対比しながら読むことができます。

　とはいえ、このスプレッドは7枚のカードをつかうため、混乱してしまったり、意味がつながらなくて読み進められなくなってしまったり。それに、枚数の多いスプレッドは、すべてのカードをまんべんなく読もうとすると、あいまいな結果になりがち。大切なのは、どこに焦点をしぼるか。その際、いくつか目のつけどころがあります。

　まずはカードの強弱を探ること。どのポジションに大アルカナやAがでているか、あるいは正位置・逆位置のバランスはどうかといったことが、結果に影響するでしょう。

　そしてカードの共通点を探すこと。絵柄、数字、モチーフ、構図、イレブンタロットなど、見るべきポイントがいくつかあります。

　男女比やスートの比率もポイントになります。たとえば恋愛を占って、ソードが多くでたのなら「頭で考えすぎているのかも」という全体の印象をつかむのに役立つでしょう。

Day 10

Q1 ヘキサグラムで相性と運の流れをどう読む?

下記のテーマでヘキサグラムを展開しました。スプレッドを見ながら空欄を埋め、質問に答えましょう。

テーマ：新しく入ってきた後輩との相性を知りたい！

①過去
月(逆)

⑤後輩の気持ち
ワンドのキング(逆)

⑥質問者の気持ち
ソードの4(逆)

⑦最終予想
カップの7(逆)

③近未来
ペンタクルの4(逆)

②現在
ソードのペイジ

④アドバイス
女司祭

例

上のスプレッドにあてはまると思う項目にチェックをつけましょう。

- ☑ 大アルカナがでている
- ☑ 逆位置が多い
- ☑ 男性が多い
- ☑ すべてのスートがでた
- ☑ 同じ数字のカードが複数ある
- ☑ コートカードがでている
- ☑ イレブンタロットがでた

どのような相性を導きだしますか？　上のリストを参考にしながら書きましょう。

> 逆位置が多く後輩へのネガティブな思いを暗示。月(逆)とソードのペイジは後輩に探りを入れている状態。相手はわがまま放題のワンドのキング(逆)。このままでは互いにかたくなになりそう。月と女司祭がイレブンタロットだからあいまいな態度をとらず、理性的な会話がカギに

上のスプレッドにあてはまると思う項目にチェックをつけましょう。

- ☐ 大アルカナがでている
- ☐ 正位置が多い
- ☐ 逆位置が多い
- ☐ 男性が多い
- ☐ 女性が多い
- ☐ すべてのスートがでた
- ☐ でたスートに偏りがある
- ☐ 同じ数字のカードが複数ある
- ☐ 似た構図のカードが複数ある
- ☐ Aがでている
- ☐ コートカードがでている
- ☐ イレブンタロットがでた

どのような相性を導きだしますか？
上のリストを参考にしながら書きましょう。

Point
少し離れて見るのがポイント

カードの共通点を見つけだすには、少し離れたところから見るのがポイント。スプレッド全体を、絵を見るようなイメージで眺めて。似た形のモチーフ、似た構図、似た色合い……。パッと視覚に飛び込んできた情報に注目して読み解きを。

LUAのカード解釈 ペンタクルの3 「そろそろ出番です」といわれ舞台に向かうところ。大舞台が待っています。

79ページをふまえて、リーディングした結果を書きましょう。

①過去
月（逆）

かつてふたりは

でした。

②現在
ソードのペイジ

今、このふたりは

という状況です。

例

①過去

かつてふたりは
なんとかお互いの性格
を把握できたところ
でした。

②現在

今、このふたりは
警戒し合う
という状況です。

③近未来
ペンタクルの4（逆）

ふたりの関係は

という状況になっていきます。

④アドバイス
女司祭

仲よくするには

を心がけるとよいでしょう。

③近未来

ふたりの関係は
意地を張り合う
という状況になって
いきます。

④アドバイス

仲よくするには
理性的にふるまうこと
を心がけるとよいで
しょう。

⑤後輩の気持ち
ワンドのキング（逆）

後輩は質問者に対して

と思っています。

⑥質問者の気持ち
ソードの4（逆）

後輩に対して質問者は

と思っています。

⑤後輩の気持ち

後輩は質問者に対して
もっと思うままに
動きたい！
と思っています。

⑥質問者の気持ち

後輩に対して質問者は
そろそろこの関係を
どうにかしなければ
と思っています。

⑦最終予想
カップの7（逆）

ふたりの関係は最終的に

になります。

⑦最終予想

ふたりの関係は
最終的に
お互い唯一無二の
存在と思うよう
になります。

Day 10

LUAの解読

目に見えないつながりを
探してみることも大切です

　実際にカードを並べてみると、全体に殺風景。なにもしなくてもフィーリングが合う、という印象はあまりなく、お互いの努力が必要になりそう。とくに⑤「後輩の気持ち」が〈ワンドのキング（逆）〉、⑥「質問者の気持ち」が〈ソードの4（逆）〉で、ノリが正反対。②「現在」の〈ソードのペイジ〉も緊張感があり、このままでは③「近未来」の〈ペンタクルの4（逆）〉が暗示する、けん制し合う関係になりそう。

　でも〈女司祭〉と〈月〉がイレブンタロット（52ページ）であることに注目を。テーマは「白黒」と「グレー」。つまり今までのようにあいまいな態度（月）をとるのではなく、質問者が先輩として毅然とした対応（女司祭）をすること。そうすれば最終予測〈カップ7（逆）〉のようにふたりの迷いが解消されるとも解釈できます。イレブンタロットのようにカード同士のつながりを見つけると、スッと読み解けることはよくあります。

今日のワンオラクル

　　　年　　　月　　　日（　）　　解釈：

占ったテーマ：

大アルカナ
　　　　　　　　　　　の 正・逆
小アルカナ
W　P　S　C の　　　　の 正・逆

第一印象：

結果は？

納得度　☆☆☆☆☆

LUAのカード解釈　ペンタクルの4　守銭奴。権力や地位を守りたくて、お金をちらつかせているのかも？

Day 11

ケルト十字を読みこなしましょう

パートに分けて読み解くと整理しやすくなります

　タロット好きに人気のスプレッドといえば、やはりケルト十字でしょう。枚数も多く、見ばえがするうえ、不思議な形に配置されたカードにドキドキする人も多いはず。またケルト十字はコンプレックスや本人の願望など、自分自身と向き合うのにも非常に適しており、まさにタロット占いの醍醐味を味わえます。

　ただし10枚のカードを扱うのは至難のわざ。また「近未来」と「最終結果」はどう違う？「顕在意識」と「潜在意識」はどう読み解けばいい？　など、つまずきやすいスプレッドでもあります。

　そこで11日目では、ケルト十字を3つに分解して、パートごとに見ていく方法をご紹介します。

　まず①質問者の状況 ②障害となっていること ③質問者の顕在意識 ④質問者の潜在意識という【縦のパート1（質問者の状態・意識）】で、質問者の現在の心情を深掘りします。そして①②に⑤過去 ⑥近未来を加えた【横のパート2（時間）】では運の流れがどうなっているかを探り、⑦質問者が置かれている立場 ⑧周囲（もしくは相手）の状況 ⑨質問者の願望 ⑩最終予想という【縦のパート3（環境・近未来）】から、取り巻く状況と未来を読んでいきます。

　枚数の多いスプレッドですが、パートごとに分析することで、散漫な読み解きではなくなり、きちんと結論をだせるようになるでしょう。「近未来」や「最終予想」だけを見て終わり……なんてことはなくなるはずですよ。

Day 11

Q1 | 複雑なケルト十字を あなたはどう読む？

下記のテーマでケルト十字を展開しました。次の質問に答えましょう。

テーマ：幸せな恋ができないのはなぜ？

③質問者の顕在意識
（考えていること）
悪魔

②障害と
なっていること
ワンドの7

①質問者の状況
ソードの4

⑥近未来
ワンドの9

⑤過去
皇帝（逆）

⑩最終予想
ペンタクルの8（逆）

⑨質問者の願望
死（逆）

⑧周囲（もしくは
相手）の状況
司祭（逆）

⑦質問者が
置かれている立場
ワンドのキング（逆）

④質問者の潜在意識
（感じていること）
ソードのキング

 例
スプレッドを見て気になった
ことやモチーフ、
全体を見て感じることを
書きだしましょう。

> 男性のカードが
> 極端に多い。
> 男性に対する
> ネガティブな意識が
> 強くあらわれている？
> カップのスートがなく、
> 恋愛っぽい雰囲気が
> カード全体に
> 足りてない感じ

スプレッドを見て気になったことやモチーフ、
全体を見て感じることを書きだしましょう。

Point
**全体の傾向を
つかみましょう**

　男性のカードばかりで、女性は〈悪魔〉だけなのが印象的です。とくに〈皇帝〉やキングなど、指導者の立場にある男性が多く、「私はこうだ」という強い意思をもつ質問者であることがうかがえます。もう少し、柔軟な考えかたができるといいのかも……。ざっくり全体を見ただけでもこのように読み取ることができますね。

LUAのカード解釈　ペンタクルの5　イルミネーションを見にきたふたり。ほかに人がいないのは寒すぎるせい？

ケルト十字スプレッドを３つに分け、パートごとに読み解きましょう。

【例】

【縦のパート１（質問者の状態・意識）】

③質問者の顕在意識
（考えていること）
悪魔

②障害と
なっていること
ワンドの７

①質問者の状況
ソードの４

④質問者の潜在意識
（感じていること）
ソードのキング

【横のパート２（時間軸）】

②障害と
なっていること
ワンドの７

⑥近未来
ワンドの９　　①質問者の状況　　⑤過去
　　　　　　　ソードの４　　　皇帝（逆）

【縦のパート１
（質問者の状態・意識）】

①今は恋愛の動きが
まったくない状態。
②やるべきことが
ありすぎて
恋愛モードに入れない。
③恋愛への妄想は
はかどっても、
④心の奥は冷めている

【横のパート２（時間軸）】

⑤自分の世界に
引きこもっていた過去。
①②忙しくて恋のスイッチ
が入らなかったけど、
⑥やっと心の準備が
整いそう

質問者の状態はどう読み解けますか？

運はどうかわりますか？

【縦のパート３（環境・未来）】

⑨恋ができずに
年をとるのがこわい。
⑧周囲は恋愛に悪い
意味で奔放な人が多く、
⑦イライラする原因。
⑩まじめに恋愛を
考えようとしても
気が散りそう

３パートすべてを統合し、
最終結果を書きましょう。

人の恋愛に左右されずに
シンプルに向き合うべき

⑩最終予想
ペンタクルの８（逆）

⑨質問者の願望
死（逆）

⑧周囲（もしくは
相手）の状況
司祭（逆）

⑦質問者が
置かれている立場
ワンドのキング（逆）

【縦のパート３（環境・未来）】

「環境」や「願望」を整理して書きましょう。

３パートすべてを統合し、
最終結果を書きましょう。

Point

それぞれのパートで関連性を見る

　１〜３の各部分で物語をつくりましょう。それをまとめるときに③〈悪魔〉⑧〈司祭〉がイレブンタロットであるということも、ヒントになるかもしれません。

Day 11

LUAの解説

パートに分けた読み解きを
ひとつの物語に統合して

　まず【縦のパート1】で質問者の現状を見ると〈悪魔〉が示すように、恋愛への関心はあるものの、潜在意識では〈ソードのキング〉のように冷めていて「ひとりのほうが気楽」というのが本音かも。【横のパート2】では、⑤「過去」の〈皇帝（逆）〉が恋への自信のなさを物語り、⑥「近未来」も抵抗感やためらいを感じさせます。【縦のパート3】では⑧「周囲の状況」にでた〈司祭（逆）〉がカギ。周囲の人の裏切りや不誠実さのせいで、⑨「質問者の願望」〈死（逆）〉があらわすような恋愛へのおそれが生じているよう。そして〈悪魔〉〈司祭〉がイレブンタロットであることに注目。⑩「最終予想」からも周囲のゆがんだ恋愛観が、影響を及ぼしていることがうかがえます。

　3つを統合すると「まわりの人のような不幸な恋をするくらいなら、シングルライフのままでいい」という恋へのネガティブな思い込みを捨てることが必要そうです。

今日のワンオラクル

年　　月　　日（　）　　解釈：

占ったテーマ：

大アルカナ
　　　　　　　　　　　の 正・逆
小アルカナ
W P S C の　　　　　　の 正・逆

第一印象：

―― 結果は？ ――

納得度 ☆☆☆☆☆

LUAのカード解釈　ペンタクルの6　クーポンやポイントのために、必要ないものまで買う人。

Day 12

ホースシューで問題を解決しましょう

最終結果によってアドバイスを読み分けます

　馬蹄の形をしたホースシューは、問題の原因を探り、なんらかの行動指針やアドバイスを得るのに、とても適したスプレッドです。ケルト十字のページ（11日目）でも話した通り、枚数の多いスプレッドはパートに分けて解釈していくのがリーディングのコツ。

　そこで、12日目では、ホースシューを④アドバイスを軸に、【時間×アドバイス】、【環境・結果×アドバイス】のふたつに分けて読んでいくレッスンをしましょう。

　まずはパート分けする前に全体を見て問題がありそうな場所に目星をつけます。

　スプレッドの左半分、【時間×アドバイス】のパートは時系列をあらわしています。カードの強弱を意識することが、質問者の心情を把握するポイントになるでしょう。右半分【環境・結果×アドバイス】は、問題の原因を探るのに適しています。まさにスリーカードの2パターンの設定（過去・現在・近未来／原因・結果・アドバイス）をひとつにまとめたスプレッドがホースシューなのです。

　⑦最終予想の解釈には、④アドバイスがポイント。

　④アドバイスを実践すれば⑦最終予想のようになる。④アドバイスを実践すれば⑦最終予想の結果は避けられる。

　このように⑦最終予想は、どんなカードがでたかによって、ふたつの読みかたができます。どちらを採用するかは、そのときのあなたの直感しだい。感じたままに読んでいきましょう。

Day 12

Q1 | 問題の真の原因を見つけられますか？

下記のテーマでホースシューを展開しました。次の質問に答えましょう。

テーマ：劣等感から解放されるにはどうすればいい？

①過去
太陽

①現在
ペンタクルの
ペイジ

③近未来
ソードのクイーン

④アドバイス
ワンドの5（逆）

⑤周囲の状況
ワンドの6

⑥障害と
なっていること
カップの5（逆）

⑦最終予想
ソードの2（逆）

例
スプレッドの左右を
比較しながら気づいたこと
を書きだしましょう。

> 5のカードが2枚
> でている。
> 右を向いている
> カードが多い。
> 時間軸はすべて
> 正位置で、2枚が
> コートカード。
> 太陽と月
> （ソードの2）の絵が
> でているのは
> なにかの暗示？

スプレッドの左右を比較しながら気づいたことを書きだしましょう。

Point
左右の印象を
見比べてみて

　全体を眺めたあとに右側と左側の印象を比べてみるといいでしょう。左側を見ると直立している人物が多く、右側を見ると、ソードやワンド、カップなどのスートがあちこちに入り乱れています。ここからも身辺が穏やかではなく、周囲にふりまわされているのかも？と推理できます。

LUAのカード解釈　ペンタクルの7「それなりの結果だけれど、満足には程遠いな」と思って、ため息をつく人。

【時間×アドバイス】と【環境・結果×アドバイス】に分けて読み解き、全体をまとめてみましょう。

【時間×アドバイス】

①過去
太陽

②現在
ペンタクルのペイジ

③近未来
ソードのクイーン

④アドバイス
ワンドの5（逆）

【環境・結果×アドバイス】

⑦最終予想
ソードの2（逆）

⑥障害となっていること
カップの5（逆）

⑤周囲の状況
ワンドの6

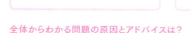

 例

【時間×アドバイス】
からわかることは？

①②③がすべて正位置なので④人と競争せず素直に上を目指せば、自信をもてそう

【環境・結果×アドバイス】
からわかることは？

④⑤成功した人を見ると劣等感を刺激されやすい。⑥で現実を見すぎた結果、⑦現実逃避したくなりそう

全体からわかる問題の原因とアドバイスは？

輝く才能があったことを思いだし、もてる力をマイペースにのばして。必要以上に悲観的にならず、客観的に自分を見られるようになるはず

【時間×アドバイス】
からわかることは？

【環境・結果×アドバイス】
からわかることは？

全体からわかる問題の原因とアドバイスは？

Point

アドバイスを受けて将来をふた通り読む

③「近未来」と⑦「最終予想」がどちらもソードの女性のカードであることが印象的です。このまま進んだ未来を⑦「最終予想」、④アドバイスを実践した結果を③「近未来」として読むとどうなるでしょうか？

Day 12

LUAの解説

質問者の状況をイメージすると全体も読み解きやすくなります

　過去にベストな状況があると、その後の未来がかすんで見えます。左側の過去に輝く〈太陽〉からすると、努力をはじめたばかりの現在の〈ペンタクルのペイジ〉は、未熟さを感じやすい状態といえるでしょう。自信をなくしがちな状況での質問であることを意識して読むと、全体のストーリーがスムーズにつながります。

　右側を読むと、〈ワンドの6〉が象徴するように周囲に才能あふれる人がいて、〈カップの5（逆）〉が暗示するように勝手に落ち込んでいるのかも。

　これらを統合するアドバイスとしては〈ワンドの5（逆）〉。周囲にむやみにライバル心を燃やさなければ、劣等感で落ち込むことはなくなります。そうすれば〈ソードの2（逆）〉のように「自分はダメだ」と視野のせまい状況に陥らずにすみ、〈ソードのクイーン〉のように未来を見据えて冷静にふるまえるようになるでしょう。

今日のワンオラクル

年　　月　　日（　）　　解釈：

占ったテーマ：

大アルカナ　　　　　　　　の 正・逆

小アルカナ
W　P　S　C の　　　　　の 正・逆

第一印象：

結果は？

納得度

LUAのカード解釈　ペンタクルの8　工場のロボット。木の柱はレーン。延々と同じ作業を繰り返します。

Day 13

ホロスコープで
あらゆる運勢を占いましょう

テーマをしぼることで見るべき
ポイントを明確にしましょう

　枚数の多いスプレッドは、すべてをまんべんなく読み解こうとすると散漫な答えになりがち。でたカードの特徴的な部分をピックアップして読む練習として、ホロスコープスプレッドに挑戦しましょう。

　ホロスコープとは、西洋占星術における星の配置図のこと。ぐるりと円を描く12枚のカードにひと月ずつ割り当てて12か月の運勢を読む方法と、恋愛、仕事などジャンルごとの運気を読む方法があります。13日目は、ふたつめの方法でレッスンしていきましょう。

　このスプレッドは下の①〜⑫のように、12のジャンルが存在しています。運気全般を知りたいときは12か所を順に読んでいけばOKですが、「恋愛について知りたい」など、テーマが決まっている場合、重点的に読むべき場所があります。

　恋愛なら⑤⑦、お金なら②⑧、仕事なら⑥⑩、勉強や旅行は③⑨、人間関係は④⑪、自分自身は①⑫です。2枚のカードを組み合わせると、どんなイメージが広がりますか？　このほか、絵柄の共通点を見つけると情報が整理されて読み解きやすくなりますよ。

ハウスの意味
①質問者・性格 ②金銭・所有 ③知識・コミュニケーション ④家庭・身内 ⑤恋愛・娯楽 ⑥仕事・健康 ⑦パートナーシップ・結婚 ⑧受け継ぐもの・セックス ⑨旅行・理想 ⑩職・名誉 ⑪希望・仲間 ⑫無意識・ライバル ⑬最終予想・アドバイス

Day 13

Q1 枚数の多いホロスコープを スムーズに読むには？

下記のテーマでホロスコープを展開しました。カギとなりそうなカード、モチーフに○をつけ、気づいたことをメモしましょう。

テーマ：今の運勢、とくに金運が知りたい！

⑪希望・仲間
ワンドの6

⑩職・名誉
ソードの8

⑨旅行・理想
恋人

⑫無意識・ライバル
月

⑧受け継ぐもの・セックス
ソードの3（逆）

①質問者・性格
ペンタクルの8（逆）

⑬最終予想・アドバイス
カップのクイーン

⑦パートナーシップ・結婚
ペンタクルの2（逆）

②金銭・所有
審判

⑥仕事・健康
魔術師（逆）

③知識・コミュニケーション
ワンドのキング

④家庭・身内
カップの4

⑤恋愛・娯楽
ペンタクルのA

例

丸い構図が似ている
（お金への不安？）

ペンタクルが多い

Point

全体を見たときに多いスートはどれ？

4つのスートのなかで、どれが多くでているかによって、恋・仕事・お金・情熱のどのジャンルに意識が向いているかがわかります。ペンタクルの多さはお金に対する関心をあらわしているのかもしれません。

LUAのカード解釈　ペンタクルの9　優雅に見えるけれど、実は苦労人。鷹匠として生計を立てています。

91ページをふまえ、各ジャンルの運気を読み解き、空欄に書き込みましょう。

⑤ ペンタクルのA
⑦ ペンタクルの2(逆)

これからの恋愛運は……
です。

② 審判
⑧ ソードの3(逆)

これからの金運は……
です。

③ ワンドのキング
⑨ 恋人

これからの学習運は……
です。

⑥ 魔術師(逆)
⑩ ソードの8

これからの仕事運は……
です。

① ペンタクルの8(逆)
⑫ 月

これからの自分自身は……
です。

④ カップの4
⑪ ワンドの6

これからの人間関係は……
です。

⑬ カップのクイーン

最終予想・アドバイスは……
です。

例

⑤ ペンタクルのA
⑦ ペンタクルの2(逆)

これからの恋愛運は……
リッチな人との
出会いがあるけど
相性が悪く
かみ合わないよう
です。

Point
2枚のカードで運気を読み解きやすく

　1枚のカードで読むよりも、2枚カードがあったほうが物語が生まれて、リーディングしやすくなります。恋愛運を見たいとき、仕事運を見たいとき、金運を見たいとき、それぞれふたつのカードの意味を組み合わせて、自分なりに運気をイメージしてみてください。

Day 13

LUAの解説

知りたいところを重点的に
リーディングしてみましょう

　スプレッド全体で目につくのは⑫の〈月〉と⑤〈ペンタクルのA〉。どちらも丸い形状が際立っており、お金に焦点があたっていることがうかがえます。金運を意識しながら読んでみましょう。⑤にでた〈ペンタクルのA〉が恋のはじまりを暗示。ペンタクルであることからリッチな相手かも。ただし⑦ではふたつのペンタクルをもてあそんでおり、候補がふたりあらわれそう。仕事を見ると⑥⑩どちらも苦しい様子ですが、③⑨に強いカードが正位置ででているので、なにかを学んだり、息抜きの旅行に投資するのはおすすめ。④⑪から対人面は吉凶混合といったところ。

　肝心の金銭面は②と⑧をチェック。なにかをもらう期待は少ないものの、〈審判〉が過去に忘れていたお金が戻ってくることを暗示。⑬「最終予想・アドバイス」は〈カップのクイーン〉。節約するよりも人に与える心のゆとりが大切、と読めます。

今日のワンオラクル

年　　　月　　　日（　　）　　解釈：

占ったテーマ：

大アルカナ
　　　　　　　　　の　正・逆

小アルカナ
W　P　S　C の　　　の　正・逆

第一印象：

結果は？

納得度

LUAのカード解釈　ペンタクルの10　犬を飼いきれなくなった老人が、新たに里親を探しているシーン。

Day 14

ハートソナーで対人問題を解決しましょう

すべてのカードをきちんとチェックするクセをつけて

　ポイントをしぼって読み解くことはもちろん大切ですが、1枚1枚のカードをおろそかにしてはNG。そこで14日目は、人間関係の問題をいろいろな角度で分析するLUAオリジナルスプレッド、ハートソナーで、ていねいに読み解くレッスンをしましょう。

　ヘキサグラムも相性を占うのに適していますが、ハートソナーは、相手の心理をこまかく分析します。自分の外見や内面についてどう思っているかがわかるため、どのカードもじっくり読み解くのがポイントです。

　注目すべきは⑤相手の状況、⑦質問者の状況。ここにふたりの関係性がはっきりとあらわれます。絵柄を見てパッと判断したほうが、しっくりくることが多いでしょう。

　もうひとつの特徴は③質問者への印象（内面）、④質問者への印象（外見）です。相手が自分をどう思っているのか、ダイレクトに答えがでるのです。とはいえ、どのカードにも「こんな外見」なんてキーワードはありませんね。ここに「今日のワンオラクル」で培ってきたイメージする力が生きてきます。そのカードを人の外見にたとえるとどうなりますか？

　ハートソナーはむだなカードがありません。ふたりの関係性をイメージするために1枚1枚のカードをていねいに読んでいくのがポイント。そのうえで、関係をよりよくするにはどうしたらいい？という、最終的な結論をだすのがコツです。

Day 14

Q1 カード1枚1枚をていねいに読むには?

下記のテーマでハートソナーを展開しました。次の質問に答えましょう。

テーマ：最近気になりだした彼は、私のことをどう思っている？

⑤相手の状況
ワンドの8（逆）

⑦質問者の状況
ソードのナイト

①現在
吊るし人

③質問者への
印象（内面）
ワンドの7（逆）

④質問者への
印象（外見）
カップの7（逆）

⑧アドバイス
カップのA（逆）

⑥相手の願望
女帝（逆）

②近未来
カップのキング（逆）

例
スプレッドを見て気になる
ことを書きだしましょう。

〈カップのキング〉
〈女帝〉
〈カップのA〉と
恋愛と関わりのある
カードがすべて逆位置

④「質問者への印象（外見）」
をキーワードや絵から
読み解きましょう。

現実的に考えて
行動する人。
実際におつき合い
したいと思える外見？

スプレッドを見て気になることを書きだしましょう。

④「質問者の印象（外見）」を
キーワードや絵から読み解きましょう。

KEYWORD
夢

逆位置の解釈
夢の実現のため
決断する

Point
カードから実際の
人物をイメージするコツ

カードから人間の外見を思い浮かべるのは大変かもしれませんが、自由にイメージしましょう。〈カップの7（逆）〉なら「迷いがなく好みのタイプ」「服のセンスがいい」「ひとつずば抜けたチャームポイントがある」など。身近にいる、似ている人を挙げるのもいいですね。

LUAのカード解釈　ペンタクルのペイジ　少しポーズが芝居がかっているので、役者。今にもセリフをいいそう。

95ページをふまえ、1枚1枚読み解いて空欄を埋めましょう。

例

①現在
吊るし人

②近未来
カップのキング（逆）

①現在
吊るし人

現在、ふたりの状況は

になっています。

これからふたりの状況は

になっていきます。

現在、ふたりの状況は
互いにアプローチ
できない状態
になっています。

③質問者への印象（内面）
ワンドの7（逆）

④質問者への印象（外見）
カップの7（逆）

②近未来
カップのキング
（逆）

相手は質問者の内面を

と思っています。

相手は質問者の外見を

と思っています。

これからふたりの状況は
感情に流されて
自分を見失うこと
になっていきます。

⑤相手の状況
ワンドの8（逆）

⑥相手の願望
女帝（逆）

今、相手は

な状況にあります。

相手は質問者に

と思っています。

Point

紙芝居をつくるように1枚ずつ読んで

⑦質問者の状況
ソードのナイト

⑧アドバイス
カップのA（逆）

今、質問者自身は

な状況にあります

この問題について

を心がけるといいでしょう。

1枚ずつカードを読み解いていくとふたりの物語が見えてきます。とくに③「質問者への印象（内面）」は、現在の状況を引き起こすことになったきっかけが、⑥「相手の願望」には、問題解決のヒントがあらわれていることが多いので、ていねいに読んでみましょう。

Day 14

LUAの解説

登場人物を主人公に全体をドラマのように考えて

　ハートソナー全体をドラマのように考えて読み解いてみましょう。
　①で置かれている状況としては〈吊るし人〉で、事情があって進展が妨げられていることを暗示。⑦「質問者の状況」と⑤「相手の状況」は、追う〈ソードのナイト〉と逃げる〈ワンドの8（逆）〉に見えませんか？
　外見へ対する印象は〈カップ7（逆）〉で、逆位置になると「真価に気づく」という意味があるため、質問者に対し光るものがあると思っている様子。ただし、内面は〈ワンドの7（逆）〉で混乱しており、なにを考えているかわからないと不信感を抱かせることがあったのかも。とはいえ、ハートの下半分に〈女帝〉〈カップのA〉〈カップのキング〉と恋愛関連のカードがでているのが強みです。すべて逆位置であることから、これを正位置の意味にかえるには、⑧「アドバイス」にあるように、もっと素直に好意を伝える必要がありそうです。

今日のワンオラクル

年　　　月　　　日（　　）
占ったテーマ：

大アルカナ
　　　　　　　　　　の 正・逆
小アルカナ
W P S C の　　　　　　の 正・逆

第一印象：

解釈：

結果は？

納得度 ☆☆☆☆☆

LUAのカード解釈　ペンタクルのナイト　どっしりして強そうなことから、トラクターなどの重機に乗る農家の人。

The 3rd Week

リーディングのつまずきを回避しましょう

カードをめくっても言葉につまってしまう、
しっくりくる答えがでてこない……。
そんな壁を乗り越えるレッスンをしましょう。

この週をマスターすると……

- ☑ カードごとの意味の違いが明確になる
- ☑ 的確なリーディングができるようになる
- ☑ 読み解けないカードがなくなる

この週で学ぶこと

「読み解いたつもり」を乗り越えたリーディングを

　カードの意味は覚えた、スプレッドもマスターした。なのに、カードが読めないのはなぜ？　第3週はそんなつまずきを回避するレッスンをします。この週のポイントは「読み解いたつもり」になっている自分に気づくこと。定形のキーワードしか連想できなかったり、似ているカードを区別せずになんとなく読んでしまったり。そのままでは、マンネリに陥ってタロットを投げだしてしまうかも。

　このようなつまずきは、コツさえつかめば簡単に解消できます。毎日ひとつ、つまずきをクリアできるので、上達の実感も得られやすいはず。読み解けないと思っていたスプレッドやカードの意味がわかる喜びを味わってくださいね。

3週目のスケジュール

Day 15	逆位置をじょうずに読み解きましょう	P100
Day 16	アドバイスカードを活用しましょう	P104
Day 17	的確な答えを引きだすには質問力を高めましょう	P108
Day 18	「今の自分カード」をつかいこなしましょう	P112
Day 19	カードをどんな質問にも応用できるようになりましょう	P116
Day 20	違いに注目してカードへの理解を深めましょう	P120
Day 21	スプレッドの配置に縛られず読み解きましょう	P124

LUAのカード解釈　ペンタクルのクイーン　PTA。「また係に選ばれちゃったわ……」と少し憂鬱そうですね。

Day 15

逆位置をじょうずに読み解きましょう

意味と絵柄、2通りの読みかたをマスターするとスムーズです

　展開したカードが天地さかさまにでたものを「逆位置」といいます。本来のカードの意味にねじれが生じている状態と読み解くため、逆位置がでた途端、がっかりして投げだしたくなることもあるでしょう。意味を逆にして解釈することに戸惑い、急に意味が読めなくなってしまうことも。

　そのため逆位置を採用しない人も多いのですが、「カードがさかさまにでた」ということにも意味があると考えれば、無視してしまうのはもったいないですね。

　そこで15日目は、逆位置のカードをスムーズに読みこなすためのレッスンをしていきましょう。

　逆位置を読む際の基本ルールはふたつ。ひとつが、正位置の意味をふまえて、どのように意味にねじれが生じているかを見る方法。①カードの意味が正反対にでている、②カードの意味がネガティブにでている、③カードの意味に到達していないというバリエーションを考えてみましょう。

　そしてもうひとつが、さかさまの絵を眺めてシンプルにイメージを広げていく方法。これはパッと見たときの印象がすべて。

　ひとつめの方法は言葉から考える方法、ふたつめの方法は絵柄から直感的にインスピレーションを得る方法といえます。どちらがいいということはありません。場合に応じて、もしくは得意・不得意に応じてつかい分けてみましょう。

Day 15

Q1 | 逆位置をカードの意味から解釈できますか？

次のカードの逆位置の意味を3パターン、考えましょう。

審判

[KEYWORD 解放]

例

①カードの意味が正反対にでているときは……

> 過去に縛られる
> 眠ったまま

②カードの意味がネガティブにでているときは……

> トラブルが再発する
> 望まない再会

③カードの意味に到達していないときは……

> チャンスがきそうでこない

①カードの意味が正反対にでているときは……

②カードの意味がネガティブにでているときは……

③カードの意味に到達していないときは……

Point

バリエーションをさらに広げましょう

　①は対義語をイメージしてみるとわかりやすいでしょう。②はカードの意味が実現するもののよくない展開になる、裏目にでるとイメージしてみて。③はカードの意味が実現するにはパワー不足、もしくは機が熟していない、と考えてみると言葉が浮かびやすくなるでしょう。

LUAのカード解釈　ペンタクルのキング　砂風呂。遠くから見ると顔以外が背景に埋もれているようです。

Q2 逆位置をカードの絵柄から解釈できますか？

キーワードやQ1の解釈にとらわれず、さかさまになった絵柄から受け取るイメージだけで逆位置を読んでみましょう。

太陽（逆）

例
太陽（逆）

じりじりと下から照りつけられて隠しごとがオープンになっちゃった。馬の生気が失われているように見える

ペンタクルのA（逆）

ワンドの7（逆）

Point
どのように見える？印象を大切に

　本来、天高く輝いているはずの〈太陽〉が地に落ちるとどんなイメージでしょう？〈ペンタクルのA〉は逆になると、なにかからペンタクルを守ろうとしているようにも見えるかもしれません。高いところで優位に戦っていた〈ワンドの7〉ですが、さかさまになると追い落とされつつあるようにも見えますね。
　カードの意味に縛られず、見たままの印象からイメージを広げるのがコツです。

Day 15

LUAの解説

逆位置を嫌わずに
むしろ大きなヒントと考えましょう

　Q1のカードの意味を3通りに解釈する方法では、①〜③のどれを採用するかによって、意味が正反対になることもあります。また①〜③の解釈は一例にすぎず、「カードの意味が強まって暴走している」「カードの意味がきちんとでていない」といった解釈をしてもいいでしょう。「逆にでた理由として、自分にとっていちばんしっくりくる答えは？」と考えれば、あなたにとっての正解がわかるはずです。

　Q2のようにイメージを広げる方法は、質問の内容とリンクさせて物語を紡ぎやすいので、最初のうちはこの方法をとるのがおすすめです。

　嫌われがちな逆位置ですが、問題点をわかりやすく示してくれている、重要なヒントでもあります。逆位置ででたカードが正位置の状態に戻れば問題が解決する、と読むこともよくあります。逆位置をむしろ重要ポイントと考えてみましょう。

今日のワンオラクル

年　　月　　日（　）　　解釈：

占ったテーマ：

大アルカナ
　　　　　　　　　の 正・逆
小アルカナ
W　P　S　C の　　の 正・逆

第一印象：

結果は？

納得度

LUAのカード解釈　ソードのA　剣をかざしてほれぼれ。試し切りで、いろいろなものを切ろうとしています。

Day 16

アドバイスカードを活用しましょう

カードを「引き足す」と最後まで読み解けます

「スプレッドで9割は読み解けたのだけど、1枚だけどうしても読めなくて、モヤモヤする」「占い結果を見て新たな疑問がわいてしまった」そんな経験はありませんか？ 読み解けないからといって無視したり、占いなおしたりするのはさらに混乱してしまうもと。そんなときはカードを「引きなおす」のではなく、アドバイスカードを「引き足す」といいでしょう。

引き足すタイミングは大きく分けて3つ。ひとつが「全体に対するアドバイス」。これは、望ましい未来を実現するための総合的なアドバイスとして引くもので、択一やケルト十字など、おもに「アドバイス」の位置がないスプレッドにつかいます。ふたつめは「リーディングのヒントを得たいとき」。スプレッドを読んでいて、解釈できないと感じるカードのヒントをもらうために引きます。3つめは「さらに知りたいことがでてきたとき」。結果から、さらに知りたいことができた場合に引くものです。

引き足しは何枚以上引いてはいけないという決まりはありませんが、ある程度知りたいことを整理するといいでしょう。

16日目のレッスンでは、まずはスプレッドを読み解き、その結果から3つのアドバイスカードを読んでいきます。

コツはスプレッドにでたカードとの共通点を探すこと。アドバイスカードとスプレッドをきちんと結びつけることで、イメージが具体的になり、より多くのヒントを得られるはず。

Day 16

Q1 結果に応じてアドバイスカードをつかい分けられますか？

下記のテーマでヘキサグラムを展開しました。
スプレッドを見ながら次の質問に答えましょう。

テーマ：転職先の会社と私の相性は？

①過去
ワンドの8

⑤相手の気持ち
ワンドのナイト

⑥質問者の気持ち
カップの7（逆）

⑦最終予想
司祭

③近未来
カップの6

④アドバイス
カップのナイト

②現在
戦車

> **例**
> スプレッドを見て気になったカードやモチーフを書きだしましょう。
>
> スートがワンドとカップばかり。逆位置が少なく、最終予想に大アルカナがでているので、全体的にポジティブなイメージ

スプレッドを見て気になったカードやモチーフを書きだしましょう。

Point

カードの強弱とスートに注目！

　今回のスプレッドで大切なのが、スートがカップとワンドに偏っていることと、大アルカナがでていること。また、コートカードが2枚もでていることも特徴的ですね。これらにはどんな意味があるのでしょうか？

LUAのカード解釈 　ソードの2　両手に杖をもつファラオのよう。目隠しは巻きかけのミイラの包帯？

105ページの結果から3枚アドバイスカードを引き足しました。
スプレッドとの共通点を探しながら解釈しましょう。

アドバイスカード①
「近未来にカップの6がでた理由がわからないので、詳しく知りたい」

ワンドの6

例

アドバイスカード①
「近未来にカップの6がでた理由がわからないので、詳しく知りたい」

ワンドの6

この先、成果をだして、称賛されそう。
カップの6は「過去」というより「なにかをもらえる」という意味ででたのかも

アドバイスカード②
「さらに職場の人間関係はどうなのか知りたい」

太陽

アドバイスカード③
「全体のアドバイスをもうひとつ知りたい」

塔（逆）

Point
裏づけ？ それとも新しいアドバイス？

スプレッドにもとからアドバイスの配置がある場合でも、全体へのアドバイスを引き足すことはできます。先にでたアドバイスを裏づけするようにでるときと、盲点を教えてくれるようにでるときがあります。

Day 16

LUAの解説

知りたいことを明確にしてから
アドバイスカードを引いて

　アドバイスカードの引き足しはスプレッドの読み解きに便利なもの。なんとなく引き足しても、リーディングの盲点をつくような1枚がでることもあります。

　ただし、基本的には知りたいことを明確にすべきでしょう。考えずに何枚も引き足してしまうとさらに混乱してしまい、占いそのものがあやふやに終わってしまいます。また「引き足していい意味のカードがでたら、未来は明るい」のような都合のいい解釈をしないように注意しましょう。

　アドバイスカードと、スプレッドででたカードとの共通点を探すことも大切です。アドバイスカード①の〈ワンドの6〉は、ワンドがスプレッドにもでていること、馬がアドバイスカード②の〈太陽〉やスプレッド内のナイトにも共通し、パワフルな展開を強調しているようです。このように、構図やスート、数字が共通していたら、注目してみてくださいね。

今日のワンオラクル

　　年　　月　　日（　）　　解釈：

占ったテーマ：

大アルカナ
　　　　　　　　　　の 正・逆

小アルカナ
W P S C の　　　　　の 正・逆

第一印象：

結果は？

納得度

LUAのカード解釈　ソードの3　標本。ピンで固定した内臓が、腐敗しないよう冷たいケースに入れられています。　107

Day 17

的確な答えを引きだすには質問力を高めましょう

どうなりたいのかがはっきりしていると質問も決まります

　17日目は、質問力を高めるべく、占いたいテーマのしぼりかたを学び、スプレッドを選ぶレッスンをしていきましょう。うまくなるとタロットカードで占うまでもなく、悩みの答えがでてしまうこともあるはずですよ。

　実は、タロット占いはカードにどんな質問を投げかけるかで、答えの8割が決まります。人間の悩みは複雑で、いろいろな要素が絡み合っていることがほとんど。恋愛を占って、知りたいのは相手の気持ちなのか、恋がうまくいかない原因なのか、これからの出会いの時期なのか……。なんとなくカードを引いても、あいまいな答えを得るばかり。意外なもので、自分は「こうしたい」と思っていても、突き詰めて考えると、「実はそうじゃなかった」「行動しないい訳を考えているだけだった」という事実が判明することも。自分の本心を誤解していたり、偽っていることに気づいていなかったり。他人を占う際はとくに気をつけたいことです。

　自分はどうしたいのかを確認したら、「このことについて知りたい」と明確に質問を立てましょう。

　質問に応じたスプレッドを選ぶことも必要です。知りたいことが「置かれている現状」「人の気持ち（自分含む）」「相性」「原因」「アドバイス」「運勢（現在・過去・未来）」という6つのうちのどれなのかを考えてみてください。さらにシンプルに答えをだしたいのか、じっくり占いたいかによって枚数を決め、適したスプレッドを選びましょう。

Day 17

Q1 問題に対して適切に質問を立てることができますか？

ある悩みについて書かれた例文を読み、問いに答えましょう。

> 私は今、恋をしています。相手は取引先のそこそこ地位のある人で、相手も私のことを気に入ってくれて、彼のおかげで仕事も驚くほどスムーズに進んでいます。
> 数か月前から一緒に食事をしたり、休日にでかけたりするようにもなりました。でも、つい最近彼に妻と子どもがいることを告げられ、ショックを受けています……。
> 別れを告げるべきだと思ったのですが、彼への気持ちが捨てきれないのか、仕事に影響がでるのをおそれているのか、別れ話をいいだせません。

上の悩みからどんな質問・占うテーマを立てることができますか？
思いつくだけ書いてみましょう。

・彼は今後どんな関係になることを望んでいる？
・今後の展開はどうなる？
・別れたら仕事に悪影響はでる？
・じょうずな別れかたを知りたい！

上の悩みからどんな質問・占うテーマを立てることができますか？
思いつくだけ書いてみましょう。

Point
気づいていない本心を見抜きましょう

この場合、恋と仕事の問題が複雑に絡み合っています。質問者がいったいどうしたいのか、本心を見抜く必要がありますね。別れを告げるべきだと思ったのはなぜでしょう？「○○したほうがいい」「○○すべき」「○○にちがいない」といった言葉の背景には、当人の思い込みや常識、まわりの人の意見が入り込んでいることが多いので、ていねいに解きほぐしましょう。

LUAのカード解釈　ソードの4　博物館に陳列されたコレクション。静かに自分の歴史を振り返っているよう。

Q2 どのスプレッドで占うべきかわかりますか？

あなたが抱えている悩みを下に書きましょう。
状況や関係する人など、できるだけ詳しく書きだしてみて。

例

仲よくしていた隣人が急に冷たくなった。最後に話したのが、地元のお祭りのとき。そのときは問題なかった気がするけど……。なにか悪いことでもしてしまったのかな。できれば前のように楽しく話したい！

上の悩みに対して
知りたいと思うことに
チェックを入れましょう。

☑ 相手の気持ちが知りたい
☑ 原因・理由が知りたい
☑ アドバイスが知りたい

上のチェックをふまえ、
あなたの知りたいことに
合うスプレッドを書き
ましょう。(複数回答可)

> ヘキサグラム

上の悩みに対して知りたいと思うことにチェックを入れましょう。

☐ 置かれている現状が知りたい　　☐ アドバイスが知りたい
☐ 相手の気持ちが知りたい　　　　☐ 運勢(現在・過去・未来)を知りたい
☐ 自分の気持ちを整理したい　　　☐ 少ない枚数でシンプルに答えをだしたい
☐ 相性が知りたい　　　　　　　　☐ 多い枚数でじっくり占いたい
☐ 原因・理由が知りたい

上のチェックをふまえ、あなたの知りたいことに合う
スプレッドを書きましょう。(複数回答可)

Point
**質問に合った
スプレッド選びを**

　スプレッドには得意ジャンルがあります。「人の気持ち」はケルト十字やハートソナー、「相性」はヘキサグラム、「原因とアドバイス」はスリーカードやホースシュー、「運勢(現在・過去・未来)」はスリーカードやホロスコープ。ワンオラクルはどんな質問にも万能ですし、選択肢を比べたいなら択一を。

Day 17

LUAの解説

カードを引く前の自問自答が すでに占いなのです

ひとつの悩みから、無限に質問を立てられることがわかったでしょう。切り口によって得られる答えはかわってきます。どういう問いかけをするかは質問者のセンス。自己分析を繰り返して、よりよい質問を探ってみてください。

同じ質問は1回しか占ってはダメ、といわれることもありますが、そうとは限りません。片思いの相手との関係に悩んでいたら、ヘキサグラムで現在の相性について占い、そのあと、ケルト十字で自分の恋愛コンプレックスがなにかを探り、次にアプローチのチャンスが訪れる機会をスリーカードで占う、というように、ひとつの悩みに対してスプレッドをかえて、いろいろな角度から占ってもいいのです。

むしろ鋭い分析ができたり、別のスプレッドに同じカードがでてきて新しい視点が生まれたりと、リーディングを深めることができるでしょう。

今日のワンオラクル

年　　月　　日（　）　　解釈：

占ったテーマ：

大アルカナ　　　　　　の 正・逆

小アルカナ
W / P / S / C の　　　　の 正・逆

第一印象：

結果は？

納得度 ☆☆☆☆☆

LUAのカード解釈　ソードの5　すれ違う人を見て、「自分のほうがおしゃれだな」と確信するナルシスト。

111

Day 18

「今の自分カード」を
つかいこなしましょう

現在のコンディションは
占いの答えにも反映されます

　なにを占う場合でも、質問者がどんなコンディションにあるのかを考慮することは重要です。落ち込んでいると、質問も解釈も、そこから得られる結果も、どこかネガティブなものになってしまいがち。そこで役立つのが「今の自分カード」です。スプレッドを展開する前に、78枚から1枚を引いておくもので、そのカードが質問者の状態をあらわしています。

　それが感情なのか、置かれている状況なのか、願望なのか、カードを見つめながら自己分析してもいいですし、リーディングをしながら関連づけていってもOKです。

　「今の自分カード」のいいところは、自分を客観視できること。人間は自分のことさえよくわかっていないものです。元気だと思っていても実はひどく傷ついていたり、欲しくないと口ではいっていても本心は別だったり。カードを通じて本当の気持ちが透けて見えることがよくあります。その結果で、リーディングも大きくかわってくるでしょう。

　スプレッドには「質問者の態度」など、現在の自分を意味するカードを配置するものもあります。その場合、「今の自分カード」は質問者のコンディション全般、スプレッドの「質問者の態度」は問題に対する向き合いかたとして、読み分けるといいでしょう。

　18日目は、「今の自分カード」の引きかた、そしてリーディングにどのようにいかせばいいかを学んでいきます。

Day 18

Q1 「今の自分カード」は今のあなたのなにをあらわしていますか？

あなたのタロットカードから1枚、「今の自分カード」を引き、でたカードの名前を書きましょう。

今の自分カード

でたカードと「今の自分」にどんな共通点があるでしょうか？
次のあてはまる言葉に○をつけましょう。
さらに、カードと今の自分の具体的な共通点を考えてみて。

あてはまる言葉はどれ？

今の自分の感情　／　今いる状況　／　今の表情やポーズ　／
今着ているファッション　／　今直面している問題　／　今近くにあるもの　／
今欲しいもの・願望　／　誰かに対する思い　／　今、おそれていること
その他：

なぜそう思ったのか、引いたカードとの具体的な共通点は？

それをふまえて今の自分の状態を分析してみましょう。

例

今の自分カード
　　カップの4

あてはまる言葉はどれ？

(今の自分の感情)／今いる状況／今の表情やポーズ／今着ているファッション／今直面している問題／今近くにあるもの／今欲しいもの・願望／誰かに対する思い／今、おそれていること　その他：

なぜそう思ったのか、引いたカードとの具体的な共通点は？

カップの4の
モヤモヤが今の心境と
合ってる気がする

それをふまえて今の自分の状態を分析してみましょう。

「いいことないかな」
と周囲の人が
なにかしてくれる
ことを期待している、
他人まかせな状態

Point
今の自分カードは直感が大切

「今の自分カード」がなにをあらわしているかは、カードを見たときにパッとわき上がる感覚を最優先に。「今の自分と似ている！」と感じることを書きだして。次にカードの意味から、共通点を探りましょう。

LUAのカード解釈　ソードの6　大型サーフボード！　前のふたりはサップヨガ（水上で行うヨガ）に挑戦中？

Q2 「今の自分カード」を リーディングに活用できますか？

下記のテーマで「今の自分カード」を引き、択一を展開しました。
スプレッドを見ながら次の質問に答えましょう。

テーマ：気になる人がふたりいます。A君とB君、どちらにアプローチすべき？

今の自分カード
世界

① 選択肢A
A君
ペンタクルの
ナイト（逆）

② 選択肢B
B君
ワンドの4

③ 質問者の態度
悪魔

「今の自分カード」と「質問者の態度」から読み取れることを書きましょう。

「今の自分カード」をふまえて、あなたなら質問者にどうアドバイスする？

 例

「今の自分カード」と「質問者の態度」から読み取れることを書きましょう。

> 質問者は今、総合的に満たされていて、自信がある状態。どちらの彼も自分のものにできるのではという下心が芽生えている

「今の自分カード」をふまえて、あなたなら質問者にどうアドバイスする？

> A君にすると、彼が慎重派でテンポが悪く、欲求不満。B君を選ぶと、結ばれる可能性は高いものの穏やかで刺激不足。〈悪魔〉の誘惑に負けて二股になりそう。今はいいコンディションなのだから、別の相手を探しては？

Point

カードのテンションの差も重要なヒント

「今の自分カード」がよくて「質問者の態度」がよくない場合は、全体的に調子はいいのに、この問題には後ろ向き、もしくは抵抗を抱いていると読み解けます。「今の自分カード」があまりよくなく、「質問者の態度」がいい場合は、つらい状態にあるものの、この問題に希望を求めていると読み解けるでしょう。

Day 18

LUAの解説

「今の自分カード」を中心に スプレッドをつなげましょう

　「今の自分カード」を取り入れることで、質問者の本音と建て前を見抜くことができたり、問題に対する向き合いかたを明らかにできたり。さらに便利なのは、スプレッドを展開した際に、ヒントを見つけやすくなること。

　「今の自分カード」と同じスートや数のカードがでた位置は、質問者の興味や関心がその部分に向いていると読めるでしょう。また「今の自分カード」が逆位置だったら、そのカードが正位置になれば、スプレッドで逆位置にでたほかのカードも正位置の状態に戻る、つまり自分の問題を解消すれば未来はいいほうへかわるという解釈もできるでしょう。

　「今の自分カード」を主人公にすることで、ほかのカードとの間につながりが生まれやすくなるのです。

　「今の自分カード」は「自分」と「スプレッド」を結ぶ架け橋。あなたもぜひ自分のリーディングに取り入れてください。

今日のワンオラクル

　　年　　　月　　　日（　）　　解釈：

占ったテーマ：

大アルカナ
　　　　　　　　　　　の 正・逆

小アルカナ
W / P / S / C の　　　の 正・逆

第一印象：

結果は？

納得度 ☆☆☆☆☆

LUAのカード解釈　ソードの7　いたずらを企てている人。お茶目な人で、自分が楽しんでいる感じも。

Day 19

カードをどんな質問にも
応用できるようになりましょう

連想ゲームで引きだせる
言葉の種類が増えます

　恋愛を占って〈恋人〉のカードがでれば、きっとこの恋はうまくいくと読み解けるでしょう。では、仕事を占って〈恋人〉がでたときは？〈恋人〉がもつ恋愛のイメージに縛られてしまって、なかなかじょうずに解釈できないのではないでしょうか。カードそのものがもつイメージと、占ったテーマが合っていないと、途端に読めなくなってしまうのはよくあることです。そうすると、「あたっていない」「ピンとこない」と感じてタロットを投げだしてしまいがち。

　19日目は、こうしたカードの固定観念を取り除くレッスンをしましょう。ポイントは、第1週で学んだことを思いだして。カードの意味に縛られるのではなく、絵柄からイメージを広げること。それにより、思いがけない言葉が飛びだしてくることがよくあります。

　仕事を占って、杯を交わす〈カップの3〉がでたら？　キーワードは「共感」ですが、絵柄から「飲み会をして親睦を深めることが大切」と具体的なヒントを得られるかもしれませんね。

　ひとつの言葉から連想ゲームのようにイメージしていくのもおすすめ。〈恋人〉なら「ツーカー」「約束」「ヤキモチ」「じゃれ合い」「デートに誘う」「自分をよく見せる」「楽しい時間」「未来に不安がない」など、広げていった言葉のなかには恋愛以外の質問にも応用できるものがあるはず。また恋を「甘いもの」ととらえるか、「刺激をくれるもの」ととらえるか、恋愛にどんな価値観を抱いているかによっても、連想される言葉はがらりとかわってくるはずですよ。

Day 19

Q1 仕事運を占って〈恋人〉がでたらどう読み解きますか？

〈恋人〉というワードから連想できる言葉を思いつく限り、つなげて書きましょう。
仕事を占ううえでもあてはまりそうな言葉がでてきたら印をつけておきましょう。

恋人

下記のテーマについてワンオラクルで占い、〈恋人〉がでました。あなたの解釈を書きましょう。

恋人

テーマ：仕事の業績を上げるにはどうすればいい？

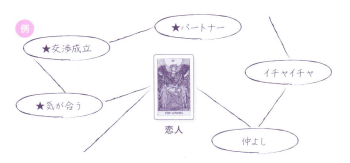

例
★パートナー
★交渉成立
イチャイチャ
★気が合う
恋人
仲よし

Point
**3秒以内に
スピード重視で連想を**

連想キーワードは、ひと言にするのがポイント。じっくり考え込まず、パッと書くのが、より多くの言葉を引きだすコツ。

LUAのカード解釈 ソードの8　いけにえ。周囲に溶け込むために我慢して、心が犠牲になってしまったのかも。　117

Q2 あたっていないと感じるカードがでたときは？

占うテーマとカードのイメージが異なる場合の解釈をしてみましょう。
下記のテーマでワンオラクルを引いた結果を読み解きましょう。

テーマ：意中の人に「かわいい」と思われるには？

例

パターン1
ソードの9

> 並んだソードがボーダー柄に見えるからカジュアルな装いの好感度が高そう。顔を覆っていることからボーイッシュでもちょっと恥じらいがあったほうがいいのかも

パターン1
ソードの9

パターン2
隠者

パターン3
死

Point

カードに深く入り込んでイメージを

占ったテーマとカードのイメージがかけ離れていると、あたっていないと感じがち。「かわいい」と〈ソードの9〉〈隠者〉〈死〉は結びつきづらいでしょう。こんなときは「このカードがもつかわいい一面は？」と考えてみて。〈隠者〉は控えめな態度がかわいいかもしれません。絵の細部に目を向けるのも手。〈死〉の骸骨はミステリアスな笑みを浮かべていますよ。

Day 19

LUAの解読

読み解きづらいときほど核心に迫る答えを得られます！

絵柄から、そして言葉から、連想を広げて質問に結びつけることはできましたか？

でたカードを「あたっていない」と感じるのは、あなたのなかで「きっとこういうカードがでるだろうな」とか「こうするのが正しいはず」と答えをあらかじめ想定していたからでもあります。

読みやすいカードは想定の範囲内であり、発想の壁を越えることはできません。目が覚めるような革新的な答えは得られないでしょう。

つまり「あたっていない」「読みづらい」と感じたときほど、自分の盲点に気づき、有益なヒントを得るチャンス！「このカードはなにをいいたいの？」とはりきって読んでみましょう。

あたっていないと感じるカードを投げださず、最後まで取り組む練習をしておくと、日常生活における問題解決力もグンとアップしますよ。

今日のワンオラクル

　　年　　月　　日（　）　解釈：

占ったテーマ：

大アルカナ
　　　　　・　　　　の 正・逆
小アルカナ
W P S C の　　　　の 正・逆

第一印象：

結果は？

納得度 ☆☆☆☆☆

LUAのカード解釈　ソードの9　手の込んだ朝食をつくる予定が、寝る前に材料を買ってないことに気づいた人。

Day 20

違いに注目して
カードへの理解を深めましょう

どのように違うのかを
整理すると迷わなくなります

　20日目は、似たイメージをもつカードを整理し、理解しなおすレッスンを行いましょう。

　5日目にも解説しましたが、大小アルカナ78枚のなかには、モチーフや構図が似ているカード、意味が似ているカードがあります。ここでは共通点だけでなく、どのように違うかを自分の言葉で説明できるようになりましょう。たとえば〈正義〉と〈審判〉はどちらも裁判のようなイメージがありますが、意味はどう違うか説明できますか？　〈ワンドの2〉と〈ワンドの3〉はどちらも遠くを見つめる男性が描かれていますが、その心境はどのように異なるでしょう？　〈ソードの6〉と〈カップの8〉はともに去りゆく人の後ろ姿が描かれていますが、どんな違いがあるのでしょうか？

　こうしたカードは無意識のうちに混同してしまいがち。似たり寄ったりの解釈になりやすいため、答えがあいまいになり、リーディングがピンとこない原因になってしまいます。

　ポイントは、意味の違いをキーワードで丸暗記するのではなく、「ここは同じだけれど、ここが違う」とカードを見ながら頭で理解すること。

　その際のヒントになるのも絵柄です。まずは似ている部分、共通するモチーフを見つけてみましょう。そのあとで、大きく異なる部分、それぞれのカードで特徴的な部分を見つけていくと、どのように意味が異なるのか整理しやすくなりますよ。

Day 20

Q1 | 2枚のカードの特徴をどのように区別しますか？

次の2枚のカードの共通点と相違点をそれぞれ書きましょう。

女司祭
[KEYWORD
精神性]

ソードの2
[KEYWORD
葛藤]

例

共通点はなんでしょう？

絵柄なら……
　どちらも月が描かれている。中央に女性がひとり

意味なら……
　知性のソードと知を司る女司祭。両方とも2番目のカード

相違点はなんでしょう？

絵柄なら……
　女司祭は目を開けていて、ソードの2は目隠しをしている

意味なら……
　真実を見ようとする女司祭、問題から目を背けるソードの2

共通点はなんでしょう？

絵柄なら……　　　　　意味なら……

相違点はなんでしょう？

絵柄なら……　　　　　意味なら……

Point

カード全体を眺めてみましょう

　白い服を着た女性が中央に座る構図がよく似ている〈女司祭〉と〈ソードの2〉の大きな違いはどこにあるでしょう。まっすぐに立つ2本の柱と斜めになったソードが目立ちますね。絵柄の構図だけではなく、表情や背景、小物、全体の色合いにも注目を。白黒がはっきりした〈女司祭〉に対し、〈ソードの2〉はグレーでぼんやりした印象がありますね。

LUAのカード解釈　ソードの10　鍼灸で背中のコリをとっているところ。リラックスしきっているようです。

121 ページの Q1 を参考に、
次の似ているカードの意味の違いを説明しましょう。

皇帝　　ペンタクル
　　　　の4

どちらもなにかを
守っていそう。皇帝は、
スケールが大きく、
戦いも辞さないかも。
ペンタクルの4は
守るというよりは
今あるものに
しがみついているみたい

皇帝　　　　　　ペンタクルの4

カップの2　　　　カップの6

Point

共通点を見つけてから違いに注目する

　〈皇帝〉と〈ペンタクルの4〉はどちらも「4」のカードのため、「安定」がテーマ。そのあらわれかたは両者でどのように異なるでしょう？　またカップを中心に男女が向き合う〈カップの2〉と〈カップの6〉は構図もよく似ています。テーマが「心の通い合い」だとするなら、描かれた人物の年齢や背景の違いをどのように考えればいいでしょうか？　共通点を軸にして、違いを見つけていきましょう。

Day 20

LUAの解説

違いを読み分けられると
より具体的な答えが得られます

　似た印象のあるカードの違いを明らかにすると、一気に解釈に奥行きが生まれることがわかるでしょう。ここで取り上げたカード以外にも「似ていて読みづらい」というカードがあるなら、ノートに整理しておくといいですね。

　たとえば10本のソードに刺された〈ソードの10〉と〈死〉のカードの示す「終わり」は、どう違いますか？　嘆く人が描かれた〈カップの5〉と〈ソードの9〉の悲しみはどう異なりますか？　幸せな家族が描かれた〈ペンタクルの10〉と〈カップの10〉の幸せはなにが違いますか？　こういったことも考えてみるといいでしょう。

　この作業は、普段からものごとをじっくり考えるクセがある人にはそうつらくないはず。もし難しいと感じるなら、普段から人間観察をする機会を増やすのもおすすめ。「悲しみ」ひとつとっても、様々なパターンがあることに気づくでしょう。

今日のワンオラクル

　　　年　　　月　　　日（　　）　　解釈：

占ったテーマ：

大アルカナ
　　　　　　　　　　　　の　正・逆

小アルカナ
W P S C の　　　　　　　の　正・逆

第一印象：

――――― 結果は？ ―――――

納得度　☆☆☆☆☆

LUAのカード解釈　ソードのペイジ　左足を軸に、くるくると回転するオルゴールの人形。風見鶏な一面も。

Day 21

スプレッドの配置に縛られず読み解きましょう

あたっていないと思うカードがでたら視点をかえて

　21日目では、スプレッドの位置にあわせて、カードを様々な視点から読み解く方法をレッスンします。

　気になっている彼と結ばれたいのに、「願望」に〈死〉がでた、最近マンネリになっているパートナーとの「障害」に〈節制〉がでた……こんなふうに、「願望」の位置に悪いカードが、「障害」にいいカードがでてしまうと、はずれているのでは？と不安になってしまうもの。そんなときこそ解釈を深めましょう。

　この例では「願望」に〈死〉がでていて、「彼と結ばれたい」という思いより「この苦しい気持ちをはやく終わらせたい」という気持ちが勝っていると読めるでしょう。「障害」に〈節制〉がでた場合、「いいことも悪いこともお互い受け入れすぎて刺激がない」と読むことができます。「障害」にいいカードがでたときはカードの意味のあとに「○○すぎる」という言葉をつけると、読み解きやすくなりますよ。アドバイスに悪いカードがでた場合は、悪いことをすべき、ではなく、こうなってはダメという戒めと読むのがいいでしょう。あるいは「いい意味で○○すべき」とつけるのもコツ。嫌なできごとがあった「過去」の位置にいいカードがでたら、客観的に見れば恵まれた状況だった、と読み解きをかえてみて。

　解釈しにくいカードがでても、はずれたとはやとちりせず、読みかたをかえてみましょう。自分の意外な本心や、死角に気づけるという点で、重要といえますね。

Day 21

Q1 アドバイスと障害をどう読み解きますか？

下記のテーマでホースシューを展開しました。
スプレッドを見ながらアドバイスと障害を重点的に読み解きましょう。

テーマ：ダイエットが続くメンタルになりたい

例

①過去
カップの8

⑦最終予想
司祭（逆）

アドバイス
ソードの9

あなたの解釈
「しっかり眠れていないから寝ることが大事」と読めるかも

②現在
ペンタクルのA（逆）

⑥障害となっていること
星

③近未来
ソードの6（逆）

⑤周囲の状況
ワンドのA

④アドバイス
ソードの9

アドバイス
ソードの9

あなたの解釈

あなたの解釈

Point
吉札、凶札という先入観をなくす

100％いい意味のカードも、100％悪いカードも存在しないと考えて。いいことでも裏目にでたり、悪いと思えるようなことでもどこかでプラスを生みだしたりするもの。「いいカードを悪く読めない」という思い込みをなくしましょう。

障害となっていること
星

LUAのカード解釈　ソードのナイト　メリーゴーランドの白馬に、騎士のコスプレで乗ってご機嫌。

125

Q2 潜在意識と願望をどう読み解きますか？

下記のテーマでケルト十字を展開しました。
スプレッドを見ながら潜在意識と願望を重点的に読み解きましょう。

テーマ：最近意味もなくモヤモヤしているのを解消したい

> 例
>
> ④質問者の潜在意識に
> 〈世界〉がでているのは
> なぜでしょう？
>
> 満たされすぎることで
> 刺激が欲しくなっている
> 状態かも？

②障害と
なっていること
戦車

③質問者の顕在意識
（考えていること）
カップの4

⑩最終予想
カップのA

⑥近未来
審判

①質問者の状況
ワンドの2（逆）

⑤過去
ワンドの5

⑨質問者の願望
ソードの10

④質問者の潜在意識
（感じていること）
世界

⑧周囲の状況
ワンドの6

④質問者の潜在意識に
〈世界〉がでているのはなぜでしょう？

⑦質問者が
置かれている立場
ペンタクルの8

⑨質問者の願望が〈ソードの10〉なのはなぜでしょう？

Point

願っていないことが願望にでる？

「こうなりたい」より「こうなりませんように」が強いとき、ネガティブなカードがでることも。また、心のどこかでその状況を望んでいる場合もあるので「こんなこと願ってない！」とすぐ決めつけないで。

Day 21

LUAの解説

あたっていないと感じる自分自身を疑ってみて

今日のレッスンで気づいた人もいるかもしれませんが、タロットで「この位置に対して思ってもいないカードがでた」と感じるのは読み手の先入観。実際にちぐはぐなカードがでることは、ほとんど起こらないのです。

一見はずれたと思えるカードを納得がいくまで読み解き、「カードは意味があってそこにでている」と実感できれば、きちんと見てリーディングできている証拠です。

確実に読み解く力はついていますよ。

「〈カップの10〉は、幸せだけど平和ボケっぽい」というように、いいカードから悪い部分を、「〈塔〉はよくなるために必要な革命」など、悪いカードからいい部分を探す練習をするのもおすすめです。

すべてのカードをポジティブにもネガティブにも応用することができれば、どの位置にどのカードがでてきても読み解けるようになるでしょう。

今日のワンオラクル

年　　　月　　　日（　　）

占ったテーマ：

大アルカナ　　　　　　　　　の 正・逆

小アルカナ
W P S C の　　　　　　　の 正・逆

第一印象：

解釈：

結果は？

納得度 ☆☆☆☆☆

LUAのカード解釈　ソードのクイーン　パーティの幹事。「どんなケーキでも均等に切り分ける自信があるの」

The 4th Week

自分らしい
リーディングをしましょう

オリジナルの読み解きかたができるようになれば
状況に合った具体的な答えが得られます。
4週目は自分らしいリーディングを目指しましょう。

この週をマスターすると……

- ☑ テキストにとらわれなくなる
- ☑ カードを一連のストーリーにして読み解ける
- ☑ リーディングを自分の言葉で表現できる

この週で学ぶこと

直感・変換・言葉を磨いて
自分らしい読み解きを目指して

タロットがあたったと感じるのは、カードを見て、自分の状況にぴったりと合う具体的な答えを導きだせたときでしょう。これは、キーワードを暗記しただけではできないこと。具体的な答えをだすためには、オリジナルの読み解きかたがポイントになります。

最終週は、これまで学んできた自分らしいリーディングに必要な直感・変換・言葉の3つを仕上げていきます。カードを見てふと感じたことを読み解きの材料にしたり、日常で起こるできごとをタロットであらわしたり、カードを自分なりの言葉で表現したり。このレッスンで、どんなカードがでても、自分だけのシチュエーションとして読み解くことができるようになるでしょう。

4週目のスケジュール

Day 22	並べたカードをストーリーでつなげましょう	P130
Day 23	別のタロットにふれることでマンネリを脱しましょう	P134
Day 24	タロットをことわざや童話にたとえてみましょう	P138
Day 25	流行や最新の話題も取り入れましょう	P142
Day 26	日常をタロットにたとえてみましょう	P146
Day 27	直感でも的確に読み解けるようになりましょう	P150
Day 28	過去に占ったことを検証してみましょう	P154

LUAのカード解釈　ソードのキング 「この剣、肩たたきにもつかえるね」と気づいた、お疲れの男性に見えます。

Day 22

並べたカードを
ストーリーでつなげましょう

複数のカードの絵柄や意味を
自然につなげて読み解いて

　　　22日目は、2枚のカード同士の会話をイメージし、カードの組み合わせから物語をつくるレッスンをしてみましょう。
　タロットカードの多くは、人間が描かれています。カードに描かれた人物が出会ったら、どんな会話をしそうか、どんなできごとが起こりそうか、想像してみて。
　そのために必要なのは、描かれた人物を想像のなかで自由自在に動かすイメージ力です。タロットの絵柄は中世ヨーロッパを舞台にしているため、なかなかイメージしづらいかもしれませんが、カードの舞台が現代になったらどういうキャラクターになるか想像してみてください。
　几帳面な〈女司祭〉と、余裕たっぷりの〈女帝〉がクラスメイトだったとしたら、どんな物語が生まれそうでしょうか。こんなふうにふたりを身近な人物に置きかえてみるといいでしょう。
　このレッスンをすると、スプレッドのリーディングがグンとうまくなります。なぜなら、複数のカードをつなげて物語を見いだすことは、スプレッドのカード同士の関係性を想像したり、読み解く作業に通じるからです。
　恋愛、仕事、友情、家族……タロットで占う悩みの多くは人に関することです。すべての悩みは人間関係に尽きるとさえいえるかもしれません。人間関係の悩みが尽きない人ほど、このレッスンで奥深いリーディングができるようになるはず。

Day 22

Q1 並び合うカードが会話をしたら？

次のペアは、指定のテーマでどんな会話をしそうかをイメージし、フキダシにセリフを書き込みましょう。

テーマ：プロポーズ

カップのキング　　　　ペンタクルのクイーン

テーマ：離婚間際のふたり

皇帝（逆）　　　　女帝（逆）

例　テーマ　プロポーズ

あなたは私の命そのものです。どうかこれからもともに人生を歩んでくれませんか？

カップのキング

ふつつか者ですが、末永くよろしくお願いします

ペンタクルのクイーン

Point

「お似合い」かどうか見極めてみましょう

　活発な人と静かな人の仲がよかったり、似た者同士がケンカしていたり。「このふたりは相性がいい（悪い）」と感じることがありますね。同じことを、カードで挑戦しましょう。カードを手にもって紙人形のように会話させるのもイメージしやすくなります。

LUAのカード解釈　カップのA　噴水がストローに見えました。カップルストローならぬファミリーストロー？

Q2 | コートカード同士から どんな物語が生まれそう？

このふたりが出会ったときに起こりそうな物語のあらすじを
イメージして書いてみましょう。

ペンタクルのキング

×

カップのクイーン

例

ペンタクル
のキング

カップの
クイーン

カップのクイーンは
ロマンティックなものが
大好きな20代OL。
心を込めて仕事する
のが彼女のモットー。
上司のペンタクルの
キングは、
口数は少ないものの、
まじめな仕事ぶりが
評価されている。
キングはクイーンの
思いやりや
優しさにひかれ、
恋心を抱きはじめる。
繊細なクイーンも
頼りがいのある
キングに思いを
よせるようになり……

司祭

×

悪魔

Point

**時代背景や服装に
とらわれずに考えて**

　タロットの中世の世界観に縛られず、国籍や時代を問わず物語を考えていくことが大切です。恋愛、コメディ、ＳＦ、ミステリーなど自由！ いろいろな設定で考えてみましょう。

Day 22

LUAの解説

読み解きスキルを上げるには
多くの物語にふれることがカギ

リーディングは、展開されたカードを結びつけて物語をつくっていく行為です。今日のレッスンはまさにその基礎力を鍛えるものといえるでしょう。

とはいえ、多くのカードに人物が描かれているため、すべてを登場人物にして物語を考えると大変。絵柄を見たときにピンとくるものを感じたカードを軸、つまり主人公にするのがポイントです。

このレッスンはカードをかえていろいろな組み合わせで試してみてください。しだいにスプレッドを展開した際のリーディングが上達していることに気づくはず。

コツは、普段から映画や漫画など、多種多様な物語にふれること。見た作品をタロットにあてはめてみるのもいい練習になるかもしれません。そうした積み重ねをしておくと、キーワードを並べるだけにならない、全体につながりがある読み解きができるようになっていくでしょう。

今日のワンオラクル

年　　月　　日（　　）　解釈：

占ったテーマ：

大アルカナ　　　　　　の 正・逆

小アルカナ　W・P・S・C の　　　の 正・逆

第一印象：

―― 結果は？ ――

納得度 ☆☆☆☆☆

LUAのカード解釈 カップの2 目線が合っていないので、なにか秘密の取り引きを行っているように見えます。

Day 23

別のタロットにふれることで
マンネリを脱しましょう

絵柄がかわれば新しい
インスピレーションを得られます

　23日目は、ウエイト版以外のタロットでは、引きだされるイメージがどのように異なるか実験をしてみましょう。

　タロットに慣れてくると、解釈がマンネリ化してくるのはしかたないことです。カードを引いても浮かぶのは同じ言葉ばかりで、初期のころのようなハッとする気づきが薄れてしまったり。

　世の中には数千種類のタロットカードが流通しています。動物をモチーフにしたもの、漫画のようにコミカルなもの、神秘的なシンボルに置きかえられているものなど、バラエティも豊か。

　本書で掲載している「ウエイト版」は世界でもっともポピュラーなタロット。こまかいシンボルからイメージを広げやすいこと、小アルカナまで絵で表現されていることから、ウエイト版からはじめることをおすすめしていますが、ほかのカードが間違っている、正統ではないということはまったくありません。

　〈悪魔〉ならユニークな悪魔、シリアスな悪魔、退廃的で美しい悪魔……それぞれ、アーティストの世界観を反映し、100人いれば、100通りの〈悪魔〉がいるはず。ほかの人の価値観にふれることで、〈悪魔〉があらわす欲望は決して悪いものではなく、自分を抑えぎみな人にとっては気持ちの解放をあらわす、いいカードと読めるかもしれません。

　最近なにを占ってもマンネリぎみ、ということがあったら、新しいタロットに手をのばしてみるのも手ですよ。つかい分けるようにしてもいいかもしれませんね。

Day 23

Q1 絵柄の違いから別のイメージができますか？

同じカードでも絵柄が違うとどのようにイメージがかわるか
自分のイメージを書き込みましょう。

テーマ：恋愛

例

タロット・オブ・
ペイガン・キャッツ
力

タロット・オブ・
ペイガン・キャッツ
力

ウエイト版
力

グミベア・タロット
力

この絵から受け取る
「恋愛」のイメージ

大人の猫が
子犬を遊ばせるように、
思い通りにリードする
恋愛

この絵から受け取る
「恋愛」のイメージ

この絵から受け取る
「恋愛」のイメージ

Point

**絵柄が違えば
見えかたがかわります**

　ほのぼの系の「グミベア・タロット」の〈力〉は、自分より大きなライオンの口を、グミベアが押し広げようとしているように見えますね。その場合の恋愛はどんな意味合いになるでしょう？
　「タロット・オブ・ペイガン・キャッツ」の〈力〉は美しい白猫が、しっぽでチャウチャウのような小型犬を惹きつけています。ここからどんなイメージが広がりますか？

LUAのカード解釈　カップの3　宴会で盛り上がっています。立ち上がって乾杯するほど、すでに酔っています。　135

135ページと同様にウエイト版以外のカードで
絵柄を人の性格や仕事にあてはめてイメージをふくらませましょう。

ウエイト版
ペンタクルの
ナイト

例

ハウスワイフ・タロット
ペンタクルのナイト

ハウスワイフ・タロット
ペンタクルのナイト

人の性格

仕事

人の性格
まじめで、なにごとも
きっちりとこなさないと
気がすまないタイプ。
週末は庭の手入れを
することが趣味

仕事
きれいに円形に芝を
刈っていることから、
ミスをしないように
進める。スーツを
きちんと着ているので、
ビジネスマナーの
イメージも

ゾンビ・タロット
ペンタクルのナイト

人の性格

仕事

Point
キャラクターの違いも
よくあらわれます

「ハウスワイフ・タロット」の〈ペンタクルのナイト〉はスーツで正装し、芝刈り機をかける男性が描かれています。ここからは「いいお父さん」もしくは「奥さんにいわれるがまま」のイメージも。

それに対し「ゾンビ・タロット」は、車が街灯に衝突している男性。「肝心なときに動けない人」と読めるかもしれません。

Day 23

LUAの解説

好みの世界観をもつタロットなら
イメージも広げやすくなります

　タロットカードには「グミベア・タロット」のように、主要なキャラクターや細かいモチーフをかえつつもウエイト版の構図になぞらえたもの、「ハウスワイフ・タロット」のように構図もイメージもがらっとかえたものがあります。

　前者はウエイト版と意味が大きくかわることはないものの、ちょっとした絵柄の違いから、異なるインスピレーションが浮かびやすくなります。後者の場合は、得られる答えが大きく違ってくるでしょう。こちらの場合は、自分の関心がある世界観のものだとイメージも具体的にできます。

　主婦なら「ハウスワイフ・タロット」の〈ペンタクルのナイト〉がスーツで芝刈りをするのを見て「夫はまじめだけれど、いつもしてくれることのピントがずれている」なんてユニーク解釈が生まれたり。

　あなた好みの世界観をもつタロットをぜひ、探してみてください。

今日のワンオラクル

年　　　月　　　日（　）　　解釈：

占ったテーマ：

大アルカナ
　　　　　　　　　の 正・逆
小アルカナ
W　P　S　C の　　　　の 正・逆

第一印象：

結果は？

納得度 ☆☆☆☆☆

LUAのカード解釈　カップの4　差し入れカード。居眠りする人に「元気だして」とドリンクが……。

Day 24

タロットをことわざや童話にたとえてみましょう

たとえることで自分なりに表現する力がつきます

　カードの意味はわかっても、うまく言葉にできない。でてくる言葉がワンパターンになってしまう。そんなつまずきがあるなら、言葉の引きだしを増やす練習をしましょう。

　24日目は、カードをことわざや四字熟語にたとえるレッスンをします。占いというより、国語の授業みたいと感じるかもしれませんが、豊かな語彙力はタロットにおいてとても大切。イメージをいくらふくらませることができても、的確な言葉にいいかえられなくては、納得のいく結果は導きだせません。

　とくに、人を鑑定するときにはわかりやすく伝えなければいけないので、あらゆる言葉をつかいこなせるようにしておきたいもの。普段から様々な表現やいいまわしを吸収し、タロットの「国語力」を鍛えておきましょう。

　「国語力」という点では、物語をつくる力も必要とされますね。スプレッドのカードの意味をつなげ、ひとつのストーリーにするのを難しいと感じる人は少なくありません。

　そんなときは、逆にあらかじめできあがっている物語をカードにあてはめてみましょう。シンデレラの物語をカードにたとえるレッスンで、カードがストーリーになってつながる感覚をつかんで。

　タロットがあらわす運の流れは、過去、現在、未来、最終結果と要点で分かれていますが、カードとカードの間にある物語もイメージできるようになると、より力をのばせるでしょう。

Day 24

Q1 | タロットをいろいろな言葉であらわしてみると?

次のことわざ、故事成語、四字熟語に合うカードの名前を挙げそう思った理由を書きましょう。

「好きこそもののじょうずなれ」　意味…好きなことは上達がはやい
カード名(　　　　　　　　　　　　　　　　　　　　　　　　　　)

理由

「塞翁が馬」　意味…人間の幸不幸は予測ができない
カード名(　　　　　　　　　　　　　　　　　　　　　　　　　　)

理由

「前途洋々」　意味…未来が開けていて希望にあふれる状態
カード名(　　　　　　　　　　　　　　　　　　　　　　　　　　)

理由

 例

「好きこそもののじょうずなれ」
意味…好きなことは上達がはやい
カード名(ペンタクルの8)

理由
作業に集中している男性を見て、好きでやっているからこそ技術が磨かれると感じたから

次のカードをことわざや故事成語、あるいは四字熟語にたとえましょう。

月

Point
わかりやすい言葉にいいかえてみましょう

　タロットカードはことわざのような含蓄のあるいいまわしと意外と相性がいいもの。「好きこそもののじょうずなれ」は「好きなことであればあるほど、どんどん上達する」というように、わかりやすくいいかえると、たとえやすくなるかもしれません。

LUAのカード解釈　カップの5　こぼれた液体が血に見えるので、戦場で立ちすくむ様子にも思えます。

Q2 有名な童話をタロットでたとえると？

童話「シンデレラ」の起承転結に合うカードを空欄に書きましょう。

起
親を失い、継母や姉にいじめられ
懸命に働きながらも、
舞踏会にいけないシンデレラ。
カード名（　　　　　　）

理由

承
魔法つかいがあらわれて
美しい姿に変身し、
舞踏会に向かう。
カード名（　　　　　　）

理由

転
舞踏会で憧れの王子様と踊る。
12時の鐘が鳴り、逃げ帰る。
途中でガラスの靴が脱げ
王子がもち主を探す。
カード名（　　　　　　）

理由

結
ガラスの靴が
シンデレラのものとわかり、
王子と結婚する。
シンデレラは幸せに暮らす。
カード名（　　　　　　）

理由

例
親を失い、継母や姉に
いじめられ懸命に働き
ながらも、舞踏会に
いけないシンデレラ。
カード名（　ソードの3　）

理由
ハートにソードが
刺さった様子が
シンデレラの悲しさを
あらわしているみたい

「マッチ売りの少女」
カード名（　カップの7　）

理由
雲の上の宝物が、
マッチに火をつけた
ときに浮かび上がる
幻のように見えたから

次の童話をあらわすのにぴったりなカードを1枚探しましょう。

「マッチ売りの少女」
カード名（　　　　　　　　　　　　）

理由

「はだかの王様」
カード名（　　　　　　　　　　　　）

理由

Point
物語の要点を引きだして

物語のなにを材料にするかは大切です。たとえば「起」のカードを選ぶとき、「親を失ったこと」「いじめられている」「舞踏会にいけない」というように要点を整理して。これらのどこに、どのようにフォーカスするかによってカードもかわるでしょう。

Day 24

LUAの解説

カードの意味と結びつけられる言葉や場面を見つけましょう

　カードと物語を結びつけられたでしょうか。難しかったという人のために、さらに回答例をご紹介します。

　「塞翁が馬」は幸・不幸が読めないことから〈愚者〉、あるいは運命のいたずらというイメージから〈運命の車輪〉を連想できそう。「前途洋々」は見通しが明るいという意味から〈ワンドの3〉を連想。「月」はあいまいな状態をあらわすので、「五里霧中」と表現することもできるでしょう。

　ストーリーが短く、起承転結がはっきりした童話はタロットの練習につかえる、便利な材料です。登場人物をコートカードにたとえる練習もできるでしょう。

　シンデレラが舞踏会にいけず、涙を流しているときに、もしタロットを展開していたらどんな結果がでそうかを予想するのも、楽しくリーディングのスキルを上げられますよ。あえて意地悪な姉や王子の立場で同じように予想してもおもしろいでしょう。

今日のワンオラクル

年　　　月　　　日（　　）　　解釈：

占ったテーマ：

大アルカナ
　　　　　　　　　　の　正・逆

小アルカナ
W　P　S　C の　　　　　　の　正・逆

第一印象：

結果は？

納得度　☆☆☆☆☆

LUAのカード解釈　カップの6　ドラマの撮影現場。子役にちょっと「わざとらしい」雰囲気を感じませんか？　　141

Day 25

流行や最新の話題も取り入れましょう

現代にマッチした表現でリーディングも具体的になります

　25日目では、現代のあなたのライフスタイルにぴったり合った、オリジナルの解釈に挑戦してみましょう。絵柄と意味、どちらから連想してもOKです。

　タロットのおもしろいところのひとつに、中世ヨーロッパで生まれたものでありながら、最新の話題や流行まで占えるということがあります。〈ワンドのナイト〉の馬が「自動車」、〈ワンドの10〉は「データ使用量のオーバー」、〈ワンドのペイジ〉が「野外フェスのスタッフ」というように、現代ならではの光景にあてはめることもできますね。さらに、〈正義〉は「ワーク・ライフ・バランス」、〈星〉は「ナイトプール」など、流行語や新しくできた概念などもあらわすことができるようになれば、解釈の幅はおおいに広がります。

　「最近彼が連絡をくれないのはなぜ？」というテーマで相手の気持ちを占ったとします。そこで〈ワンドの10〉がでたときは、「質問者の愛が重すぎて、嫌になってしまった」と読み解くのが一般的でしょう。しかし、「データ使用量のオーバー」という読みかたなら、「彼はスマートフォンを月末までつかえない状況にいるのかも……」と読むこともできるのです。絵柄やカードの意味をベースにして、時代にあった解釈を育てましょう。

　様々な技術、文化や概念が発達した今だからこそ、その要素をリーディングに取り入れることが、占いの精度を上げるのです。ぜひ柔軟な発想でトライしてみてください。

Day 25

Q1 | あなただけの解釈ができますか？

次のカードを与えられたテーマに沿って読み解きましょう。

隠者

あなたの解釈
デジタルデバイド。世間から離れて生きる隠者がインターネットの進歩についていけない人の姿に見える

テーマ：インターネット

隠者

ソードの7

あなたの解釈

あなたの解釈

テーマ：婚活

月

ソードの4

あなたの解釈

あなたの解釈

Point
モチーフやキーワードのひとつひとつに注目を

例では隔絶された場所に住む老人の絵から「デジタルデバイド」と読みましたが、隔絶という点では「電波の届かない場所」と解釈することもできます。キーワードが「探究」であることから、ネットに夢中な人を暗示している可能性も。「ネット、探究」や「ネット、人の気配のなさ」というように組み合わせてみて。

 カップの7 オークション会場。マイクパフォーマンスで、商品を熱っぽくアピール！

次のカードはあなたの趣味における
どんな場面をあらわしていると思いますか？

あなたの趣味

節制

ペンタクルの2

あなたの解釈

あなたの解釈

ネット用語やビジネス用語、トレンド、スポーツ、ファッションなど
以下のカードを自由に身近なものにたとえてみて。

戦車

ワンドの3

あなたの解釈

あなたの解釈

例

あなたの趣味
料理

節制

あなたの解釈
天使がカップの水を
混ぜている様子が、
調味料を
混ぜ合わせている
ときと似ている

戦車

あなたの解釈
派手な服と
戦うイメージから、
プロレスと結びつく

Point
様々な角度から
似ている部分を探して

「趣味がスポーツだから〈節制〉とはまったく接点がなさそう……」などという人も諦めないで。角度をかえれば水分補給やジム仲間との会話など、必ずイメージがわくはず。

Day 25

LUAの解説

より的確な読み解きのために
リアルな表現を見いだしましょう

　今日のレッスンで、自分らしく解釈する力がかなりついたのではないでしょうか。「タロットってこんなに自由なのね」と思えたのであれば、カードと親しくなれた証拠。まだ難しいと感じるなら、意味を気にせず絵柄の印象だけで、似ているものを探すところから練習しましょう。

　「〈世界〉の四隅にいる聖獣がSNSのアイコンっぽく見える」「〈女帝〉が着ているドレスの柄がショートケーキに似ている」というように一部のモチーフだけに注目してもOK。

　ほかの人の解釈を参考にしたり、タロットを知らない友だちにどんな絵に見えるのか聞いてみたりするのもおすすめです。

　教科書的なキーワードだけでなく、現代の話題を取り入れることで、よりリアルなリーディングができるようになるのです。すべてテキスト通りに読んでしまってはもったいないのかもしれませんね。

今日のワンオラクル

　　年　　　月　　　日（　）　　解釈：

占ったテーマ：

大アルカナ　　　　　　　の 正・逆
小アルカナ
W P S C の　　　　　　の 正・逆

第一印象：

結果は？

納得度 ☆☆☆☆☆

LUAのカード解釈　カップの8　名残り惜しい気持ちを残しながら先に帰るところ。見送っているのは誰？

Day 26

日常をタロットに
たとえてみましょう

タロットと日ごろの体験を結びつけて
表現力をアップしましょう

　タロットはどんなカードがでるかより、できごとをどう読み解くかが大事。カードの意味の良し悪しだけに注目していては、具体的な答えがでず、意味のない占いになってしまうからです。

　ただし、カードをできごとに変換して読み解く練習だけでは、タロットが本当にそのできごとを指しているのか実感がわきにくいもの。そこで、逆に「できごとをタロットにあてはめるレッスン」をしてみましょう。

　たとえば、上司にほめられたら〈ペンタクルの３〉、家族団らんで楽しく過ごせたら〈カップの10〉というように、印象深いできごとをカードにたとえてみるのです。

　26日目は、例文の日記をタロットにたとえるレッスンを行います。重要だと感じるできごとには大アルカナ、複雑なできごとには逆位置など、適切と感じるカードをあてはめてみましょう。実際の過去の経験からカードを連想するレッスンもあります。実体験したことをカードであらわしてみましょう。

　レッスンが終わったあとも、「今日の仕事の進めかたは〈ソードのナイト〉だったな」というように体験をタロットに変換する練習は、ぜひ継続してください。あなたの人生経験とともにタロットの解釈が厚みを増していくでしょう。タロットカードと日常的なできごとがきちんと結びつくことで、より具体的な答えを得られやすくなりますよ。

Day 26

Q1 日常をどれだけタロットに変換できる?

次の文章はAさんの日記です。タロットで表現できそうなところにアンダーラインを引き、あてはまるカードと理由を書きましょう。

今日は大事な打ち合わせの日だったので、はやめに起きて支度した。だけど、電車が遅れたうえに、目の前で具合の悪い人が倒れ、救急車を生まれてはじめて呼んだ。あわただしい朝だった。打ち合わせには少し遅れてしまったけれど、事情を説明したらわかってくれた。驚くほどスムーズに進んだし、いいアイデアもまとまってよかった。まっすぐ帰るつもりだったけど、同僚に誘われて飲みにいった。お互いの恋愛トークで盛り上がり、楽しかった!

例

今日は大事な打ち合わせ
→ 節制
話し合いだから

の日だったので、はやめに起きて支度した。
→ ワンドの9
準備をするという意味があるから

Point
どこに注目するかでカードがかわる

「大事な打ち合わせ」という言葉で、「大事な」に注目したのであれば〈運命の車輪〉をイメージするかもしれません。しかし、「打ち合わせ」に注目すれば〈節制〉をイメージすることもできますね。着目する部分によって、あてはまるカードはかわるのです。あなたはどこに注目しますか?

LUAのカード解釈　カップの9 「願いは叶えるまでが楽しいのだな」と悟り、しみじみ考えている……。

Q2 | あなたの体験が あてはまるカードはどれ？

最近あったうれしかったことを書き、
そのできごとに近いと思うカードと理由を考えてみましょう。

うれしかったできごと

このできごとに近いと思うカード（　　　　　　　　　　）

そのカードを選んだ理由を書きましょう。

今までに経験したなかで、〈審判〉を感じるできごとを、
カードの絵や意味を意識しながら書きましょう。

できごと

なにが〈審判〉にあてはまりますか？

 例

うれしかったできごと

隣の部署の憧れの
先輩がこっちの部まで
おみやげを配りに
きてくれて
すごくうれしかった！

このできごとに近いと思う
カード（　ペンタクルの6　）

そのカードを選んだ理由を
書きましょう。

中央のほどこしをする
男性が、おみやげを
配る先輩の姿に
重なってみえたから

できごと

落ち込んでいたときに
ライブのチケットの
当選メールが届き、
一気に元気に
なったこと

なにが〈審判〉に
あてはまりますか？

メールの着信が
天使のラッパ。
私はその下にいる
人間で、まさに
生きかえるような気分

Point
「復活」や「解放」からイメージすることは？

　〈審判〉は壮大な印象ですが身近なことにもあてはめられます。もう終わったと思っていたことが復活したり、長い間準備してきたことがやっとうまくいったりした経験はありませんか？　それこそ〈審判〉です。

Day 26

LUAの解説

候補のカードから いちばんしっくりくるものはどれ？

　日常をカードにたとえることで、カードへの理解がより深まったでしょうか？「このできごとはこのカードしかない！」ということもあれば、いくつか候補があるものもあったでしょう。複数ある場合はどちらがよりそのできごとをリアルにあらわしているのかを考えると、的確にリーディングする力が磨かれます。

　いいできごとを「うれしかった」というようにひと言で完結させるのは簡単。しかし、成功で手にしたうれしさや、なにげない日常で感じるうれしさは違いますよね。これだけでも連想するカードはかわってきます。タロット上達のために必要なのは、「なにが起きて、どんなふうにうれしかったか」を整理すること。「この経験は〈審判〉というより〈運命の車輪〉だな」などすんなり思いつくようになれば、実際の占いででたカードがなにを暗示しているのか読み解きやすくなりますよ。

今日のワンオラクル

　　年　　　月　　　日（　　）　　解釈：

占ったテーマ：

大アルカナ
　　　　　　　　　　の　正・逆

小アルカナ
W　P　S　Cの　　　の　正・逆

第一印象：

結果は？

納得度 ☆☆☆☆☆

LUAのカード解釈 カップの10　劇が終わり、アンコールの声に応えて手を上げる男女と、踊る子役。

Day 27

直感でも的確に読み解けるようになりましょう

感じたことをすぐに表現するトレーニングを

　カードをテキスト通りにしか読めない、解釈に時間がかかりすぎてしまう……そんな悩みをもつ人におすすめの練習法があります。それは、会話するように、次々とカードに質問を投げかけること。

　カードの束をもち、簡単な質問をして1枚引き、カードを見て感じたことを3秒以内に声にだすのです。そうすれば「テキストでは確か……」と思考が働く前に、リーディングすることができます。

　最初の1枚が読み解けたら、そのカードを受けてさらに質問をし、また1枚カードをめくって……という流れを繰り返していきます。ポイントは、テキストの意味に合っているかどうかを気にせず、とにかく言葉にすること。感じたことを実際に口にだすと、カードを言葉にする感覚が身につきやすくなります。最初は10枚くらいできればOKです。

　ある程度慣れてきたら大アルカナ22枚、さらに大小アルカナ78枚すべてのカードを連続で直感的に読む「フルオラクル」にも挑戦しましょう。最初は終わりの見えない練習のように思えるかもしれません。しかし、しだいに言葉がすぐに思い浮かぶようになり、短い時間で78枚できるようになりますよ。

　今後もつかえるようなキーワードがひらめいたり、おもしろい質問の切り口がでてきたりすることもあるので、ボイスレコーダーなどに録音しておくのもおすすめです。

　今日はこの、フルオラクルを取り入れたレッスンを行いましょう。

Day 27

Q1 どんなカードがでても3秒で答えをだせますか？

最初の空欄にあなたの悩みを書き、流れに沿いながら
カードを見て感じたことを3秒以内に書き込みましょう。

例

あなたの悩み

あなたの悩み
最近彼氏が
そっけない
気がする……
どうすればいい？

皇帝（逆）

皇帝（逆）

彼の心にゆとりが
ないっていうこと？

ソードの3

星

Point
テーマがかわることを
おそれないで

　大切なのは3秒以内にイメージして直感を磨くこと。カードを展開するうちに最初のテーマからどんどん別の話題にかわっていくこともあります。フルオラクルの場合はそれで問題ありません。

152ページに続きます

LUAのカード解釈　カップのペイジ　ホスト。「ささ、もう1杯！」とばかりに、どんどん飲ませようとしてきます。

ワンドのクイーン

例
ワンドのクイーン

自分の魅力を
いかせる女性に
なりたいなー

ソードの4

ソードの4

今は、魅力が
眠っちゃってるって
こと!?

カップの2

ペンタクルの9（逆）

最後に気がついたこと、感じたことを書きましょう。

Point
**流れをできるだけ
とめないこと**

　大切なのは、リーディングの意味が正確かどうかより、できるだけ流れをとめずに書きだすこと。突拍子もないことでもOK。

Day 27

LUAの解説

直感を言葉にして表現する
感覚を発見しましょう

「タロットは占うテーマをひとつにしぼって、決められた枚数で占うもの」だと思っていた人にとって、フルオラクルは新鮮だったかもしれません。スプレッドやなにを占うかが決められていない状態でカードをめくり、答えをだし続けると、とても直感が養われます。

また、進めるうちにテーマが思いがけない方向へとかわった人もいることでしょう。普段の自分ではあまりいわないような言葉がでてくるときもあります。こうした予測不可能なところや、自分の新たな一面を発見できるところも、このレッスンのおもしろさなのです。

今日のレッスンはフルオラクルの一部でしたが、ぜひ78枚すべてのカードで挑戦し、カードと会話をする感覚をつかんでください。78枚にまんべんなくふれることができれば、最後まで投げださずに読み解く力もつきますよ。

今日のワンオラクル

年　　月　　日（　）　　解釈：

占ったテーマ：

大アルカナ　　　　　　　の 正・逆

小アルカナ
W P S C の　　　　　　の 正・逆

第一印象：

結果は？

納得度

LUAのカード解釈　カップのナイト　ストーカー。自分に酔っていて、まさか迷惑だなんて思いもしません。

Day 28

過去に占ったことを検証してみましょう

振り返ることでたくさんの学びが得られます

　ここまで27日間、「今日のワンオラクル」を実践してもらいました。「ずばりあたった！」という日もあれば、「いまひとつだった」という日もあるでしょう。28日目では、これまでの「今日のワンオラクル」の振り返りを行いましょう。当時は「あたっていない」と思っていたカードが、時間を置いてあたっていたり、力がついた今ならまったく別の答えを引きだせるようになっているかもしれません。

　まずチェックしたいのは、質問があいまいではなかったか。質問に対する答えとしてはあたっていなかったとしても、実はその質問にまつわる、別の側面をあらわしていたかもしれません。自分に都合のいい解釈をしていなかったかもチェック。「こうであってほしい」という気持ちがあると、それに合うところしか目にとまらなくなります。カードの大まかなイメージだけで読んでいるときも、マンネリ化した解釈に陥りやすいでしょう。

　時間がたったからこそ、見えてくることもあるかもしれません。絵柄から別のイメージを広げられませんか？　結果とカードの間につながりがないか、考えてみるのもおすすめ。

　カードで未来を占うのではなく、起きたことをカードにあてはめる作業は、占いとしては意味がないように思えるかもしれません。でも「今日のワンオラクル」は、あてることよりも、リーディング力を高めるのが目的。「このカードは、こういう解釈もできる」という学びになります。ていねいに振り返れば確実に力がつきますよ。

Day 28

Q1 時間を置いてから再解釈をすることができますか？

これまでの「今日のワンオラクル」で、納得度が低かった日を書きだしましょう。
「解釈チェックシート」を確認しながら、その日の結果を再検証してみて。

占ったテーマ

　　　　　　　　　　　　　　　　　　　　　　年　　　月　　　日（　）

でたカード

解釈チェックシート
- □ 質問のしかたがあいまいではなかった？
- □ 自分に都合のいい解釈をしていなかった？
- □ 絵柄のモチーフを別のものにたとえられる？
- □ 実際の結果に結びつけられる要素はない？
- □ カードの大まかなイメージだけで読んでいない？
- □ カードの世界を現代のシーンに変換すると？

再解釈・発見したことなど

 例

占ったテーマ
今日の会社の飲み会はどうなる？

でたカード
ワンドの10

2020年 XX月 XX日（金）

再解釈・発見したことなど
「上司や先輩にプレッシャーをかけられて疲れる」と読んだけれど、楽しく会話できたのではずれた？　今思えば「飲みすぎて苦しくなる」ということを教えてくれていたのかも……

Point
別のできごととのリンクを見つけて

　例のようにカードがまったく別の側面をあらわしていることも。以前の答えを捨てて、カードと合致するポイントを見つけていくといいでしょう。

LUAのカード解釈　カップのクイーン　スパにきている人。足湯につかり、飲み物を手に次のオーダーを思案中？

占ったテーマ

　　　　　年　　　　月　　　　日（　　）

でたカード

解釈チェックシート

☐ 質問のしかたがあいまいではなかった？
☐ 自分に都合のいい解釈をしていなかった？
☐ 絵柄のモチーフを別のものにたとえられる？
☐ 実際の結果に結びつけられる要素はない？
☐ カードの大まかなイメージだけで読んでいない？
☐ カードの世界を現代のシーンに変換すると？

再解釈・発見したことなど

占ったテーマ

　　　　　年　　　　月　　　　日（　　）

でたカード

解釈チェックシート

☐ 質問のしかたがあいまいではなかった？
☐ 自分に都合のいい解釈をしていなかった？
☐ 絵柄のモチーフを別のものにたとえられる？
☐ 実際の結果に結びつけられる要素はない？
☐ カードの大まかなイメージだけで読んでいない？
☐ カードの世界を現代のシーンに変換すると？

再解釈・発見したことなど

Day 28

LUAの解説

客観的に検証することで
自分のクセがわかります

　振り返り作業のいいところは、リーディングを客観的に見られること。意味にこだわりすぎる、絵柄からイメージを飛躍させすぎてしまう、ネガティブに解釈しがちなど、自分のクセや傾向が見えてくるはず。「自分はこういうふうに読みやすいんだな」と気づくきっかけになるでしょう。

　もうひとつのメリットは、カードの覚えがよくなること。カードは実体験と結びつけるほど、記憶に残りやすくなります。たとえば、来客を占ったところ、「すばやさ」をあらわす〈ワンドの8〉がでて、数分後に玄関のチャイムが鳴った、という経験をしていたとします。するとほかの質問を占って〈ワンドの8〉がでたら、「あのときのカードね！」と思いだし、「今まさに接近中」と解釈できるようになるでしょう。

　結果の振り返りは、今後もまめに行いましょう。きっとリーディングの能力がめきめき上がっていくはずです。

今日のワンオラクル

　　年　　　月　　　日（　）　　解釈：

占ったテーマ：

大アルカナ
　　　　　　　　　の 正・逆

小アルカナ
Ｗ Ｐ Ｓ Ｃ の　　　　　の 正・逆

第一印象：

――― 結果は？ ―――

納得度 ☆☆☆☆☆

LUAのカード解釈　カップのキング　プールの監視員。カップはメガホンで、泳いでいる人を注意します。

4週間、やりとげたあなたへ……

タロットをつかいこなして
人生の豊かさを味わってください

　お疲れさまでした。4週間のレッスンを終えて、タロットとの関係が親密になったのではないでしょうか。

　この本が世界でただひとつ、あなただけのタロットのテキストになっていることに気づいていますか？　レッスンは1回だけではなく、2回、3回と繰り返し行ってみましょう。同じ設問に対しても、以前とは違う答えをだせるようになっているのでは？　あなたのリーディングのスキルが上がっている、なによりの証拠です。

　人生の1か月間は、ほんの一瞬かもしれません。でも、レッスンをした28日間は、あなたとタロットの結びつきをきっと強めたはず。

　決心がにぶり、答えをだせない日々を送るときもあります。悩みを解決できず、誰かに決められた選択肢をとることもあるでしょう。そんなときにタロットをつかって、あなたの心を映しだしてみましょう。今のあなたなら、どうすべきか答えを導きだせます。

　レッスンを通じて、あなたも気づいたのではないでしょうか。どんな悩みにも可能性があり、答えはひとつではないということに。あなたの選択に間違いはありません。あるとしたら、決断を後悔し、

自分を否定すること。どんな結果でも受け入れて、これからどうしていくかに意識を向けることが大切。

　タロットの読み解きでもっとも重要なのは、教科書的な型にはまらないことです。人生が、この世の人の数だけあるように、心を映すタロットにも、人の数だけ解釈があって不思議はありません。

　カードに描かれた人物たちは、あなたのなかで生きています。「今日の私は〈女司祭〉っぽく、きちんと仕事ができた」「昨日は暴走してしまって〈ワンドのナイト〉の逆位置だったな」など、一日を振り返ってみると、いろんなカードが浮かんできませんか。人間は様々な側面をもっているのです。そう考えるとものごとの一面だけを見てあれこれ判断するのは、もったいないことだと気づくはず。
　タロットがつまらない価値観を捨てて、よりたくさんものを見つめる目を与えてくれるのです。

　つらいできごとがめぐってきても、タロットを通して世の中を見る感覚が養われていれば、どんなときでも落ち着いていられるようになるでしょう。気持ちにもゆとりが生まれて、別の視点から新たな可能性を広げていけるようになります。自分という小さな世界から抜けだしましょう。
　78枚のタロットを自由につかいこなして、楽しい人生を切りひらいていただけることが私の本望です。

LUA

LUA るあ

幼少期からオカルトと神秘の世界に関心を抱き、西洋占星術、タロット、ルーン、ダウジング、数秘術などを習得。現在は、雑誌・書籍・WEBなどの各メディアでの占い関連原稿の執筆と監修を行っている。蜘蛛とホラーをこよなく愛している。著書に『78枚のカードで占う、いちばんていねいなタロット』『リーディングがもっと楽しくなる 78枚で占うタロット読み解きBOOK』（日本文芸社）がある。
http://www.luaspider.com/

4週間でマスター！
書き込み式　78枚で占う
タロットレッスン

2019年9月10日　第1刷発行
2025年5月20日　第5刷発行

著　者	LUA
発行者	竹村　響
印刷所	株式会社光邦
製本所	株式会社光邦
発行所	株式会社日本文芸社

〒100-0003　東京都千代田区一ツ橋1-1-1　パレスサイドビル8F

Printed in Japan　112190822-112250514　®05 (310043)
ISBN978-4-537-21718-6

©LUA 2019

アートディレクション	江原レン（mashroom design）
装幀・本文デザイン	森 紗登美（mashroom design）
イラスト	Hanna
DTP	中井有紀子（SOBEIGE GRAPHIC）
編集協力	山田奈緒子、西川幸佳、新美静香（説話社）

乱丁・落丁などの不良品、内容に関するお問い合わせは
小社ウェブサイトお問い合わせフォームまでお願いいたします。
ウェブサイト　https://www.nihonbungeisha.co.jp/

法律で認められた場合を除いて、本書からの複写・転載（電子化を含む）は禁じられています。また、代行業者等の第三者による電子データ化および電子書籍化は、いかなる場合も認められていません。